PROFETA LEVÁNTATE

JOHN ECKHARDT

CASA
CREACIÓN
Para vivir la Palabra

Para vivir la Palabra

MANTÉNGANSE ALERTA;
PERMANEZCAN FIRMES EN LA FE;
SEAN VALIENTES Y FUERTES.
—1 CORINTIOS 16:13 (NVI)

Profeta levántate por John Eckhardt
Publicado por Casa Creación
Miami, Florida
www.casacreacion.com
©2015 Derechos reservados

Library of Congress Control Number: 2015939717
ISBN: 978-1-62998-790-3
E-book ISBN: 978-1-62998-798-9

Desarrollo editorial: *Grupo Nivel Uno, Inc.*
Diseño interior: *Grupo Nivel Uno, Inc.*

Publicado originalmente en inglés bajo el título:
     Prophet, Arise!
     Published by Charisma House,
     A Charisma Media Company, Lake Mary, FL 32746 USA
     ©2014 John Eckhardt
     All rights reserved

Visite la página web del autor: www.johneckhardt.global

Impreso en Colombia

24 25 26 27 28 LBS 9 8 7 6 5 4 3 2

CONTENIDO

LEVÁNTATE Y RESPLANDECE

Levántate, resplandece; porque ha venido tu luz,
y la gloria de Jehová ha nacido sobre ti.
Porque he aquí que tinieblas cubrirán la tierra,
y oscuridad las naciones;
mas sobre ti amanecerá Jehová,
y sobre ti será vista su gloria.
Y andarán las naciones a tu luz,
y los reyes al resplandor de tu nacimiento.
—ISAÍAS 60:1–3

ES HORA DE que los profetas se levanten y resplandezcan. Tu luz ha llegado. Dios mueve a sus profetas cada vez que hay oscuridad. Los que están en la oscuridad necesitan ver la luz. Los que están en la oscuridad necesitan escuchar la voz del Señor. Una nueva gloria viene para los profetas. Viene sobre ellos nuevo honor y favor. Aquellos que han sido oprimidos e ignorados están saliendo adelante. Los que han estado desanimados están recibiendo ánimo. Este es un llamado a los profetas. Existe una comunidad global de profetas que está siendo llamada y desafiada. Están en todo país y ciudad. Ya no seguirán escondidos. Las naciones les verán. Sus ciudades les escucharán. Las iglesias les reconocerán.

Este libro es un llamado a los profetas. Es una palabra para los profetas. Es un llamado a levantarse. Es un llamado a resplandecer. Muchos profetas han estado en la oscuridad. No han conocido su verdadero llamamiento. La religión y la tradición se lo han impedido, pero ahora verán. Ahora saldrán de la oscuridad. Ahora saldrán de las cuevas.

Yéndose luego David de allí, huyó a la cueva de Adulam; y cuando sus hermanos y toda la casa de su padre lo supieron, vinieron allí a él.

—1 SAMUEL 22:1

David huyó a la cueva. Muchos profetas han huido a la cueva. Dios les ha sostenido en la cueva.

Porque cuando Jezabel destruía a los profetas de Jehová, Abdías tomó a cien profetas y los escondió de cincuenta en cincuenta en cuevas, y los sustentó con pan y agua.

—1 Reyes 18:4

Dios les ha sustentado con pan y agua. Dios no les dejaría morir. Es hora de que salgan de sus cuevas. Es hora de que salgan de las sombras. Es hora de profetizar. Es hora de cumplir con su llamamiento. También es tiempo de restauración. Es tiempo de sanidad y liberación. Los profetas serán sanados y restaurados. El cielo está tocando a profetas que han sido heridos, desalentados, frustrados, desechados, maltratados y perseguidos.

Mas yo haré venir sanidad para ti, y sanaré tus heridas, dice Jehová; porque desechada te llamaron, diciendo: Esta es Sion, de la que nadie se acuerda.

—Jeremías 30:17

Nuevamente los hombres les buscarán y dirán: "¿Cuál es la palabra del Señor?". Ustedes dejarán de ser marginados.

Que toda cosecha que el enemigo ha robado sea restaurada.

Y os restituiré los años que comió la oruga, el saltón, el revoltón y la langosta, mi gran ejército que envié contra vosotros.

—Joel 2:25

Con las verdades de este libro podrás identificar mejor quién eres. Aprenderás por qué eres diferente y por qué fuiste hecho así. Has sido diseñado por Dios para sus planes y propósitos. Has sido creado para la gloria de Dios.

Todos los llamados de mi nombre; para gloria mía los he creado, los formé y los hice.

—Isaías 43:7

Viene del cielo un aceite fresco para los profetas. Dios lo está derramando sobre sus profetas. Dios te ha visto y tu copa estará rebosando. Dios es el Dios que hace rebosar.

Pero tú aumentarás mis fuerzas como las del búfalo; seré ungido
con aceite fresco.

—SALMO 92:10

Viene una unción fresca para los profetas. Quizá antes te hayan
ungido pero prepárate para algo nuevo. David fue ungido tres veces.
Cada unción le llevó a otro nivel de poder y autoridad.
Prepárense, profetas, para nuevos niveles de poder y autoridad. Prepárense para un nuevo fluir de profecía. Sus declaraciones serán más
fuertes y más profundas. Sus oídos serán más sensibles a la voz de Dios.

Te levantarás y tendrás misericordia de Sion,
Porque es tiempo de tener misericordia de ella,
  porque el plazo ha llegado.

—SALMO 102:13

Este es el plazo del favor. Este es el tiempo establecido para levantarse y brillar. Esta es una nueva etapa para los profetas. El invierno se
terminó. Ha llegado tu primavera.

Se han mostrado las flores en la tierra,
El tiempo de la canción ha venido,
Y en nuestro país se ha oído la voz de la tórtola.

—CANTARES 2:12

Dios ama a sus profetas. Él ha visto su condición. Él habla ahora
para que te levantes y resplandezcas. Tu luz ha llegado, y la gloria del
Señor resplandece sobre ti.

POR QUÉ TE NECESITAMOS

La tendencia de los hombres y los movimientos a desviarse por un corto período está confirmada en la Biblia y en la historia de la iglesia. El
profeta es quien les advierte y llama a los hombres y a los movimientos a regresar al camino.

1. Los hombres y los movimientos pueden comenzar en el Espíritu
   y rápidamente terminar en la carne.
2. Los hombres y los movimientos pueden alejarse del mandato de
   hacer progresar el reino y en lugar de eso, construirse imperios.

3. Los hombres y los movimientos pueden volverse controladores y exclusivos.

4. La avaricia y el lucro pueden comenzar a manifestarse en los hombres y los movimientos.

5. Los estándares de justicia y santidad pueden comenzar a caer en un corto período de tiempo.

6. El orgullo y la vanidad pueden comenzar a reemplazar la humildad y la mansedumbre.

7. El error y las falsas enseñanzas pueden infiltrarse rápidamente en los hombres y en los movimientos.

8. Las tradiciones de los hombres pueden subir a la posición de la Escritura.

9. Gente impía puede subir a posiciones de liderazgo mediante la manipulación y la seducción.

10. Los hombres y los movimientos pueden estancarse y dejar de progresar.

11. Los hombres y los movimientos pueden volverse obsoletos e irrelevantes para la generación actual en un corto período de tiempo.

12. Los hombres y los movimientos pueden dejar de ser la sal de la tierra.

13. Los hombres y los movimientos pueden volverse carnales y mundanos y comenzar a hacer concesiones.

14. Los hombres y los movimientos pueden perder su fuego y su celo y descansar en logros pasados.

Cuando no hay profetas

Los profetas, junto con otros dones ministeriales, son una señal de la presencia de Dios en la iglesia (Salmo 68:18). Cuando la presencia de Dios se iba de Israel en el Antiguo Testamento, una de las señales del abandono era que no había más profetas entre ellas (Salmo 74:1, 9).

Subiste a lo alto, cautivaste la cautividad, tomaste dones para los hombres, y también para los rebeldes, para que habite entre ellos JAH Dios.

—Salmo 68:18

No vemos ya nuestras señales;
No hay más profeta,
Ni entre nosotros hay quien sepa hasta cuándo.

—Salmo 74:9

No había profetas en Israel cuando nació Samuel. El sacerdocio estaba corrompido, y la nación en apostasía. Samuel trajo un nuevo nivel de bendición a Israel y llevó a Israel a uno de sus períodos más grandes de poder y gloria.

El joven Samuel ministraba a Jehová en presencia de Elí; y la palabra de Jehová escaseaba en aquellos días; no había visión con frecuencia.

—1 Samuel 3:1

Cuando no hay profetas entonces hay hambruna. Que se termine la hambruna en las ciudades y regiones donde no hay liberación profética.

He aquí vienen días, dice Jehová el Señor, en los cuales enviaré hambre a la tierra, no hambre de pan, ni sed de agua, sino de oír la palabra de Jehová. E irán errantes de mar a mar; desde el norte hasta el oriente discurrirán buscando palabra de Jehová, y no la hallarán.

—Amós 8:11–12

CÓMO NACIÓ ESTE LIBRO

A finales de noviembre y principios de diciembre de 2014 el Señor comenzó a mover mi corazón para dar su palabra de ánimo y confirmación a los muchos profetas que han estado en silencio y acallados en sus iglesias locales. Así durante este tiempo, en mi página de Facebook, comencé a publicar estatus sobre los profetas día tras día. Lo que empecé a escribir no estaba planeado. No fue algo escrito por adelantado. Comenzó simplemente a fluir de mi corazón. Como resultado he recibido miles de seguidores y comentarios de personas alrededor del mundo que dicen cuánto han sido tocadas. Algunos han recibido sanidad y liberación al leer esos estatus. El Señor me dijo que siguiera derramando el aceite mientras hubiera vasos que lo recibieran, así que seguiré haciéndolo hasta que se termine.

Cuando las vasijas estuvieron llenas, dijo a un hijo suyo: Tráeme aún otras vasijas. Y él dijo: No hay más vasijas. Entonces cesó el aceite. Vino ella luego, y lo contó al varón de Dios, el cual dijo: Ve y vende el aceite, y paga a tus acreedores; y tú y tus hijos vivid de lo que quede.

—2 Reyes 4:6–7

Este libro es una compilación de lo que comenzó en Facebook. Las personas comentaban que estaban tan bendecidas que querían las publicaciones en forma de libro. Esa es la razón de este libro. Ha sido editado y organizado para encajar en este nuevo método de entrega, pero sigue siendo *rhema* para el profeta. Si quieres ver lo que Dios siguió revelándome incluso mientras este libro se imprimía, ve a Facebook y busca la etiqueta #prophets. También puedes tener una idea completa del oficio de un profeta en mi libro *Todavía Dios habla*.

Entiendo que las publicaciones de las que se deriva este libro tratan en su mayoría sobre los profetas, pero muchas de estas verdades aplican a los apóstoles y a otros dones ministeriales también. El Señor me llevó a enfocarme en los profetas porque a menudo se les ha malinterpretado y a veces ellos no se entienden a sí mismos. La verdad es que necesitamos todos los dones pero tenemos una necesidad urgente de que los profetas se despierten y se levanten.

Permítame añadir también que, aunque no todo el mundo es profeta, todos podemos ser proféticos. Por esa razón este libro sirve para todo el pueblo de Dios. Dios quiere que todos seamos "profetas" en el sentido de que todos debemos escuchar a Dios y ser obedientes al pronunciar su palabra. Las características de los profetas deben, hasta cierto punto, ser las características de todos los creyentes llenos del Espíritu. Joel profetizó que Dios derramaría de su Espíritu sobre toda carne: hijos, hijas, jóvenes y ancianos.

Uno de los versículos de mi vida es Números 11:29: "Y Moisés le respondió: ¿Tienes tú celos por mí? Ojalá todo el pueblo de Jehová fuese profeta, y que Jehová pusiera su espíritu sobre ellos". El deseo de Moisés fue profetizado por Joel y se cumplió el día de Pentecostés con el derramamiento del Espíritu Santo. En este sentido, todos somos profetas o proféticos hasta cierto punto. Así que se necesita el ánimo, la tutoría y la activación de profetas más allá del grupo selecto llamado élite de profetas. Encontrarás que las verdades de este libro son congruentes para tu vida independientemente de tu llamamiento específico. Apóstoles, profetas, evangelistas, pastores, maestros, todos los creyentes debieran ser proféticos y tener el corazón del más grande de los profetas, Jesucristo, el Hijo de Dios.

Oro para que seas bendecido y fortalecido con lo que leas. Oro para que sepas que Dios no te ha olvidado. Él no te ha echado a un lado. No estás loco. Profeta levántate. Sal de tu cueva y anímate a hablar la palabra del Señor.

PROFETA LEVÁNTATE
Por John Eckhardt

El Señor está encendiendo una llama
para sus profetas en toda la tierra,
están avanzando con poder,
es hora de levantarse.

Están saliendo de la cueva.
en un nuevo día de valor,
así que sal ya,
es hora de levantarse.

Ya no seguirás escondido,
ahora hablarás.
Dios ha visto tus lágrimas,
es hora de levantarse.

Él ha oído tu oración,
no se ha olvidado de ti,
se terminó el tiempo de esconderse,
es hora de levantarse.

Tú sabes quién eres,
se acabó la confusión,
te he llamado por tu nombre
es hora de levantarse.

Eres especial para mí,
una especie escogida,
yo no te rechazo,
es hora de levantarse.

Escúchame cuando te llamo,
y obedece ahora mi voz,
tu Dios está hablando,
es hora de levantarse.

1

CÓMO SE HACE UN PROFETA

*Y se sentará para afinar y limpiar la plata; porque
limpiará a los hijos de Leví, los afinará como a oro y
como a plata, y traerán a Jehová ofrenda en justicia.*
—MALAQUÍAS 3:3

DIOS HACE PASAR al profeta por un proceso de refinamiento. Dios depura al profeta y desarrolla su carácter. El profeta tiene que responder al trato del Señor en su propia vida antes de que pueda lidiar de manera eficaz con los profetas en las vidas de otros. A veces como profeta te sentirás como si estuvieras en un horno. Quizá te sorprendas diciendo: "Dios, ¿por qué me estás tratando tan duro? ¿Por qué no tratas de igual manera a los demás?". No te des por vencido, profeta. Pasa por el proceso.

El crisol para la plata, y la hornaza para el oro; pero Jehová
prueba los corazones.
—PROVERBIOS 17:3

DEJA QUE DIOS TE DEPURE

Un profeta es un vaso. Dios depura sus vasos. Dios quitará la escoria (impurezas) de tu vida. Tienes que convertirte en materia prima para ser un vaso profético. Pasa por el proceso. Deja que el fuego queme.

Quita las escorias de la plata, y saldrá alhaja al fundidor.
—PROVERBIOS 25:4

Quita la escoria de la plata, y saldrá un vaso para el orfebre;
—PROVERBIOS 25:4, LBLA

Profeta no permitas que la culpa, la vergüenza y la condenación te impidan aceptar tu llamado y caminar en él. Muchos profetas luchan con sentimientos de incompetencia debido a su pasado. Isaías fue depurado y enviado. Deja que el Señor te depure de los pecados del pasado, camina limpio delante de Dios y cumple con tu llamado.

Entonces dije: ¡Ay de mí! que soy muerto; porque siendo hombre inmundo de labios, y habitando en medio de pueblo que tiene labios inmundos, han visto mis ojos al Rey, Jehová de los ejércitos.

—ISAÍAS 6:5

Los profetas deben ser fieles.
Moisés se distinguió como profeta por su fidelidad. Sé fiel en tu llamado y comisión.

No así a mi siervo Moisés, que es fiel en toda mi casa.

—NÚMEROS 12:7

Mis ojos pondré en los fieles de la tierra, para que estén conmigo; el que ande en el camino de la perfección, éste me servirá.

—SALMO 101:6

DIOS ESCOGE A LOS PROFETAS POR SU GRACIA

Pero por la gracia de Dios soy lo que soy; y su gracia no ha sido en vano para conmigo, antes he trabajado más que todos ellos; pero no yo, sino la gracia de Dios conmigo.

—1 CORINTIOS 15:10

Los profetas entienden la gracia. Ellos saben que la fortaleza de Dios es por gracia. Entienden que no pueden lograrlo por su propia fuerza. Los profetas dependen de la gracia de Dios (su fortaleza, favor, poder y capacidad). Entienden que sin Dios no pueden hacer nada. Los profetas se verán en situaciones en las que tienen que depender de la gracia.

No puedo yo hacer nada por mí mismo; según oigo, así juzgo; y mi juicio es justo, porque no busco mi voluntad, sino la voluntad del que me envió, la del Padre.

—JUAN 5:30

Los profetas los escoge Dios, no el hombre
Dios llama a todo tipo de personas a ser profetas. El Señor escoge lo necio para confundir a los sabios (1 Corintios 1:27–29). David era un joven pastor desconocido. Amós no era profeta ni hijo de profeta. Dios llama a personas que no calificarían según los estándares humanos. No son los hombres los que determinan los profetas, sino Dios.

La selección de Dios es un desafío y una reprensión al orgullo de los hombres.

Dios incluso llama a los rebeldes. (Más sobre esto en el capítulo 5.)

> Subiste a lo alto, cautivaste la cautividad, tomaste dones para los hombres, y también para los rebeldes, para que habite entre ellos JAH Dios.
>
> —SALMO 68:18

Dios enseña a los profetas

Hay cosas que puedes aprender directamente de Dios. Eso es lo que sucede con los profetas. Los profetas saben cosas que no las enseñan los hombres. Jesús sabía más que todos los líderes religiosos de su tiempo. Ellos se maravillaban ante su conocimiento. Jesús no había asistido a sus escuelas.

> Y se maravillaban los judíos, diciendo: ¿Cómo sabe éste letras, sin haber estudiado?
>
> —JUAN 7:15

LA UNCIÓN DEL PROFETA

Las palabras de un profeta son ungidas y tienen poder. Cuando los profetas hablan, suceden cosas. Cuando los profetas hablan, las cosas cambian. Cuando los profetas hablan, Dios se mueve. La Palabra de un profeta es como un fuego que quema, un martillo que rompe en pedazos la roca.

Abre tu boca, profeta, y habla. Dios te respaldará. Él confirmará las palabras de sus siervos.

> ¿No es mi palabra como fuego, dice Jehová, y como martillo que quebranta la piedra?
>
> —JEREMÍAS 23:29

> Yo, el que despierta la palabra de su siervo, y cumple el consejo de sus mensajeros.
>
> —ISAÍAS 44:26

Dios ordena a sus profetas que profeticen. Cuando lo hacen se produce un ruido, una conmoción, una reunión. Las cosas muertas cobran vida. Los huesos secos resucitan. Las palabras del profeta dan vida. Ellos liberan aliento.

Profeticé, pues, como me fue mandado; y hubo un ruido mientras yo profetizaba, y he aquí un temblor; y los huesos se juntaron cada hueso con su hueso… Y profeticé como me había mandado, y entró espíritu en ellos, y vivieron, y estuvieron sobre sus pies; un ejército grande en extremo.

—EZEQUIEL 37:7, 10

Los profetas tienen que profetizar cuando Dios habla. Cuando Dios habla, ¿quién puede evitar profetizar? Sus profetas no pueden evitar profetizar. ¿Quién no profetizará? ¿Qué profeta puede mantenerse callado? ¿Quién puede negarse a profetizar? ¿Quién puede hacer otra cosa que no sea profetizar? Algunos querrán que los profetas se callen, pero ellos no pueden evitar profetizar.

Si el león ruge, ¿quién no temerá? Si habla Jehová el Señor, ¿quién no profetizará?

—AMÓS 3:8

La Palabra del Señor vendrá a los profetas, incluso cuando más personas traten de acallarlos. No se apagarán.

Y había venido palabra de Jehová a Jeremías, estando preso en el patio de la cárcel…

—JEREMÍAS 39:15

Los profetas tienen que buscar la manera de ventilar y expresar lo que Dios les da, de lo contrario sienten que van a estallar.

De cierto mi corazón está como el vino que no tiene respiradero, y se rompe como odres nuevos.

—JOB 32:19

Esta liberación puede suceder en forma de sollozo, al hablar, al escribir, cantar, danzar u orar.

A los profetas no se les dice qué ver ni qué decir

Uno no puede hacer que los profetas hagan lo que uno quiere. No están para ser usados a favor de nuestro beneficio y deseos, sino que fueron creados para los propósitos de Dios. Te buscarás un problema cuando trates de hacerles ver y decir lo que tú quieres que vean y digan. Los profetas son voceros independientes.

A los videntes les dicen: "¡No tengan más visiones!", y a los profetas: "¡No nos sigan profetizando la verdad! Dígannos cosas agradables, profeticen ilusiones".

—Isaías 30:10, nvi

Israel quería que los videntes y los profetas vieran y dijeran lo que ellos querían escuchar. Los profetas solo ven y dicen lo que Dios quiere.

Lo dulce y lo amargo
Muchas personas quieren escuchar mensajes dulces, no amargos. Lo amargo es desagradable al paladar. Los profetas no son enviados para hablar solo aquello que es agradable y dulce. También tiene que decir lo amargo.

Y fui al ángel, diciéndole que me diese el librito. Y él me dijo: Toma, y cómelo; y te amargará el vientre, pero en tu boca será dulce como la miel.

—Apocalipsis 10:9

Los profetas no predican lo popular, ni predican para ser populares. A menudo predican una verdad que les hace impopulares.

El profeta…es impopular porque se opone a lo popular en la moralidad y la espiritualidad. En un tiempo de políticos despersonalizados y predicadores sin voz, no existe necesidad nacional más urgente que clamar a Dios por un profeta.[1]

—Leonard Ravenhill

No te burles de los mensajeros de Dios.
Mas ellos hacían escarnio de los mensajeros de Dios, y menospreciaban sus palabras, burlándose de sus profetas, hasta que subió la ira de Jehová contra su pueblo, y no hubo ya remedio.

—2 Crónicas 36:16

Los profetas no son mercenarios (Balaam)

No se puede comprar a los profetas. No están a la venta. Balaam trabajaba por contrato. Balaam murió siendo un adivino. Los profetas no se alquilan.

> También mataron a espada los hijos de Israel a Balaam el adivino, hijo de Beor, entre los demás que mataron.
>
> —JOSUÉ 13:22

> Entonces Pedro le dijo: Tu dinero perezca contigo, porque has pensado que el don de Dios se obtiene con dinero.
>
> —HECHOS 8:20

El error de Balaam

Balaam es un hombre que tuvo visiones, el conocimiento de Dios, y escuchó la Palabra de Dios; sin embargo, murió siendo un adivino. Su problema era el amor al dinero. Los profetas pueden volverse falsos si no guardan su corazón del dios Mamón. Él murió después a manos de Israel cuando conquistaron Canaán (Josué 13:22).

> Dijo el que oyó los dichos de Jehová, y el que sabe la ciencia del Altísimo, el que vio la visión del Omnipotente; caído, pero abiertos los ojos...
>
> —NÚMEROS 24:16

> Han dejado el camino recto, y se han extraviado siguiendo el camino de Balaam hijo de Beor, el cual amó el premio de la maldad.
>
> —2 PEDRO 2:15

Balaam representa al profeta comerciante. Parece ser que tuvo verdaderos dones proféticos en algún momento, pero entonces cayó en la trampa de la ambición. Se convirtió en un "profeta por contrata". El libro de Judas habla de los falos profetas/maestros y dice que "se lanzaron por lucro en el error de Balaam" (Judas 1:11).[2]

> —JAKE KAIL

Los profetas no son propiedad de las personas ni de las organizaciones, solo de Dios. El profeta está dedicado a Dios y a la verdad, no a instituciones, organizaciones, religiones, doctrinas y credos.

La boca del profeta

Los profetas dirán cosas que otros no dirán. Dios toca la boca del profeta. Cuando Dios toca la boca de una persona, pone poder y autoridad en sus palabras. Los profetas oran, cantan, predican, enseñan y profetizan. Sus bocas están ungidas. Sus palabras están ungidas. Sus oraciones están ungidas. Sus canciones están ungidas.

> Y extendió Jehová su mano y tocó mi boca, y me dijo Jehová: He aquí he puesto mis palabras en tu boca.
>
> —JEREMÍAS 1:9

La palabra profética no regresará vacía

No regresará incumplida. Dios envía su palabra con un propósito. La Palabra profética tiene una misión.

> Así será mi palabra que sale de mi boca; no volverá a mí vacía, sino que hará lo que yo quiero, y será prosperada en aquello para que la envié.
>
> —ISAÍAS 55:11

El sello del profeta

Un sello es una marca. Representa algo que es genuino. Los que lloran y claman por el pecado y la rebelión han sido marcados por Dios. Dios conoce a sus profetas. Dios les ha puesto su marca. Una marca representa pertenencia. Dios parca a su pueblo y los sella.

> Y le dijo Jehová: Pasa por en medio de la ciudad, por en medio de Jerusalén, y ponles una señal en la frente a los hombres que gimen y que claman a causa de todas las abominaciones que se hacen en medio de ella.
>
> —EZEQUIEL 9:4

El manto del profeta

El manto era la capa que los profetas usaban. El manto representaba el poder y la autoridad del profeta. Eliseo tomó el manto de Elías, y lo usó para separar el río Jordán. Esto muestra el poder de aquello que el profeta lleva. Los profetas tienen poder y autoridad del cielo. Esto poder y autoridad son reales.

Y tomando el manto de Elías que se le había caído, golpeó las aguas, y dijo: ¿Dónde está Jehová, el Dios de Elías? Y así que hubo golpeado del mismo modo las aguas, se apartaron a uno y a otro lado, y pasó Eliseo.

—2 REYES 2:14

Tienes que vencer el temor

El Señor te pondrá en situaciones en las que debes vencer el temor. Tendrás que aprender a vencer las críticas, el rechazo, la gente celosa y cosas semejantes. Esto es parte de la formación de un profeta. El Señor está cimentando el valor dentro de ti. Tendrás que tomar decisiones con las que algunas personas no estarán de acuerdo. Tendrán que defender tu posición. No puedes agradar a todo el mundo. Quizá por esto pierdas algunas relaciones.

Los profetas deben vencer el temor al hombre.

Esta puede ser una gran batalla para los profetas. El temor al hombre se convierte en una trampa. No puede temer al hombre, al llamado, a las críticas, al rechazo, la persecución o la intimidación y al mismo tiempo ser fuerte a nivel profético. El temor creará un cortocircuito en tu fluir profético. Todo el mundo tiene que vencer algún tipo de temor. Tú no estás solo. Dios te librará de todos tus temores y te dará el valor que necesitas.

No temas delante de ellos, porque contigo estoy para librarte, dice Jehová.

—JEREMÍAS 1:8

Y no temáis a los que matan el cuerpo, mas el alma no pueden matar; temed más bien a aquel que puede destruir el alma y el cuerpo en el infierno.

—MATEO 10:28

El temor del hombre pondrá lazo; mas el que confía en Jehová será exaltado.

—PROVERBIOS 29:25

Los profetas no están para agradar a los hombres.

Pues, ¿busco ahora el favor de los hombres, o el de Dios? ¿O trato de agradar a los hombres? Pues si todavía agradara a los hombres, no sería siervo de Cristo.

—GÁLATAS 1:10

El deseo del profeta es agradar a Dios, no a los hombres. No se puede ser siervo de Cristo y agradar a los hombres. Los profetas no buscan la aprobación de los hombres. La prioridad del profeta es agradar a Dios. Un deseo desmesurado de querer agradar a las personas te coloca un yugo al esclavizarte a todos aquellos a quienes deseas agradar.

Los profetas deben obedecer a Dios y no a los hombres.

Respondiendo Pedro y los apóstoles, dijeron: Es necesario obedecer a Dios antes que a los hombres.

—HECHOS 5:29

Aunque esto lo dijo un apóstol (y también aplica a los apóstoles), describe perfectamente a un profeta. Cuando enfrente una decisión, el profeta obedecerá a Dios. El hombre no puede estar por encima de Dios para el profeta. Los mandatos de Dios superan a todos los demás.

Los profetas no viven de las alabanzas de los hombres.

A los hombres les encantan los reconocimientos humanos, sobre todo los de hombres prestigiosos, pero necesitamos desprendernos de esa necesidad. Es un proceso, no ocurre en un solo día. Cada vez que Dios nos lleve a un lugar de separación, tenemos que someternos hasta que lleguemos al punto en que no lo necesitamos. Necesitamos llegar al punto en que no solo seamos indiferentes al aplauso de los hombres sino también a sus críticas y reproches.[3]

—ART KATZ

Porque amaban más la gloria de los hombres que la gloria de Dios.

—JUAN 12:43

Sino que es judío el que lo es en lo interior, y la circuncisión es la del corazón, en espíritu, no en letra; la alabanza del cual no viene de los hombres, sino de Dios.

—ROMANOS 2:29

**Los profetas no viven para la honra del hombre;
los profetas buscan la honra de Dios.**
Jesús no buscaba ni recibió honra de parte de los hombres. Jesús recibió honra del Padre. Los profetas siempre han tenido que vivir sin honor de parte de los hombres. Dios no quiere que dependas de la honra del hombre. La honra del Padre es lo más importante para los profetas.

Mas Jesús les decía: No hay profeta sin honra sino en su propia tierra, y entre sus parientes, y en su casa.

—Marcos 6:4

Gloria de los hombres no recibo.

—Juan 5:4

Respondió Jesús: Si yo me glorifico a mí mismo, mi gloria nada es; mi Padre es el que me glorifica, el que vosotros decís que es vuestro Dios.

—Juan 8:54

**Profetas, tienen que estar dispuestos a
quedarse solos si fuera necesario.**
El temor hará que los hombres salgan corriendo y se escondan. Basta con preguntarles a Jesús y a Pablo.

Mas todo esto sucede, para que se cumplan las Escrituras de los profetas. Entonces todos los discípulos, dejándole, huyeron.

—Mateo 26:56

En mi primera defensa ninguno estuvo a mi lado, sino que todos me desampararon; no les sea tomado en cuenta.

—2 Timoteo 4:16

Los profetas pueden ser excomulgados por la verdad.
El temor a ser excomulgados—a ser expulsados de la sinagoga, o de la iglesia o de la denominación—siempre ha sido una manera de controlar a los hombres por parte de los sistemas religiosos. Los fariseos amenazaban con excomulgar a cualquiera que confesara a Cristo. ¿Estás dispuesto a ser excomulgado por causa de la verdad?

Los líderes de la iglesia primitiva fueron excomulgados. Martín Lutero y Juan Hus fueron excomulgados. Los reformadores fueron excomulgados. La excomunión en realidad es una especie de prohibición, un castigo dado por una iglesia cuando uno de sus miembros incumple alguna ley importante de la iglesia. La raíz latina es *excommunicare*, que significa "sacar de la comunidad", que es lo que sucede cuando una persona es excomulgada.

Esto dijeron sus padres, porque tenían miedo de los judíos, por cuanto los judíos ya habían acordado que si alguno confesase que Jesús era el Mesías, fuera expulsado de la sinagoga.

—JUAN 9:22

Os expulsarán de las sinagogas; y aun viene la hora cuando cualquiera que os mate, pensará que rinde servicio a Dios.

—JUAN 16:2

El temor a la confrontación es el enemigo del profeta.

Anda a verlo por la mañana, cuando salga a bañarse. Espéralo a orillas del río Nilo, y sal luego a su encuentro. No dejes de llevar la vara que se convirtió en serpiente.

—ÉXODO 7:15, NVI

Hijo de hombre, notifica a Jerusalén sus abominaciones.

—EZEQUIEL 16:2

A veces a los profetas se les acusa de locos o de tener un demonio.

A Jesús le llamaron samaritano y lo acusaron de tener un demonio. A menudo a los profetas se les llama "rebeldes", "religiosos", "intensos", "espeluznante", y "locos", sobre todo de parte de los sistemas religiosos que son confrontados por la verdad.

Respondieron entonces los judíos, y le dijeron: ¿No decimos bien nosotros, que tú eres samaritano, y que tienes demonio?

—JUAN 8:48

Entonces los judíos le dijeron: Ahora conocemos que tienes demonio. Abraham murió, y los profetas; y tú dices: El que guarda mi palabra, nunca sufrirá muerte.

—Juan 8:52

"No juzgues" es la frase bíblica que se utiliza para acallar la boca de los profetas.

Jesús se estaba refiriéndose a un espíritu de justicia propia crítico, condenador, que busca las faltas, quisquilloso (un juicio externo). La frase bíblica "no juzgues" no significa que la maldad no deba ser denunciada y reprendida. Jesús se refiere a un juicio injusto y no al juicio justo. Jesús denunció y reprendió a los fariseos por su maldad.

No juzguéis, para que no seáis juzgados.

—Mateo 7:1

No juzguéis según las apariencias, sino juzgad con justo juicio.

—Juan 7:24

CÓMO MANEJAR LA ADVERSIDAD Y LA OPOSICIÓN

Los demonios detestan a los profetas. Las brujas y los hechiceros detestan a los profetas. Jezabel odia a los profetas. Los profetas son una amenaza para la obra de la oscuridad. Los profetas denuncian la obra del enemigo. Los profetas están en la lista negra del enemigo. Dios protege a sus profetas. Dios los sostiene. No temas al enemigo. Ninguna arma forjada contra ti prosperará.

Ninguna arma forjada contra ti prosperará, y condenarás toda lengua que se levante contra ti en juicio. Esta es la herencia de los siervos de Jehová, y su salvación de mí vendrá, dijo Jehová.

—Isaías 54:17

Porque cuando Jezabel destruía a los profetas de Jehová, Abdías tomó a cien profetas y los escondió de cincuenta en cincuenta en cuevas, y los sustentó con pan y agua.

—1 Reyes 18:4

Dios sostiene a los profetas. No tienen que depender de los hombres ni de los sistemas religiosos para sobrevivir. Los profetas dependen de

Dios. Deben ser libres para hablar por el Señor. Los verdaderos profetas no comen en la mesa de Jezabel.

> Levántate, vete a Sarepta de Sidón, y mora allí; he aquí yo he dado orden allí a una mujer viuda que te sustente.
> —1 Reyes 17:9

> Envía, pues, ahora y congrégame a todo Israel en el monte Carmelo, y los cuatrocientos cincuenta profetas de Baal, y los cuatrocientos profetas de Asera, que comen de la mesa de Jezabel.
> —1 Reyes 18:19

Los cuervos alimentaron a Elías. Dios fue su sustento y su proveedor. Los profetas dependen de Dios para el sostenimiento. Los profetas necesitan el sostenimiento de Dios porque a menudo los hombres los rechazan. Profeta, espera recibir una provisión milagrosa de parte de Dios.

> Apártate de aquí, y vuélvete al oriente, y escóndete en el arroyo de Querit, que está frente al Jordán. Beberás del arroyo; y yo he mandado a los cuervos que te den allí de comer. Y él fue e hizo conforme a la palabra de Jehová; pues se fue y vivió junto al arroyo de Querit, que está frente al Jordán.
> —1 Reyes 17:3–5

Dios guarda a sus profetas. No te dejes engañar, no puedes matarlos a todos.

> ¿No ha sido dicho a mi señor lo que hice, cuando Jezabel mataba a los profetas de Jehová; que escondí a cien varones de los profetas de Jehová de cincuenta en cincuenta en cuevas, y los mantuve con pan y agua?
> —1 Reyes 18:13

Dios detesta cuando se maltrata a sus profetas. Los profetas pueden ser maltratados, perseguidos, ignorados, rechazados, aislados, amordazados y se les puede llamar locos. A menudo los profetas son perseguidos por los sistemas contra los cuales se pronuncian. Eso no es nada nuevo. Dios reivindica a sus profetas, los defiende y se encarga de los sistemas que los maltratan.

No toquéis, dijo, a mis ungidos, ni hagáis mal a mis profetas.

—SALMO 105:15

Y Jeremías entraba y salía en medio del pueblo; porque todavía no lo habían puesto en la cárcel.

—JEREMÍAS 37:4

Ponte duro

Si eres un profeta, tendrás que desarrollar cierta dureza. Prepárate para vestirte con pelo de camello y comer langostas y miel silvestre.

Y Juan estaba vestido de pelo de camello, y tenía un cinto de cuero alrededor de sus lomos; y su comida era langostas y miel silvestre.

—MATEO 3:4

Debes ser fuerte, lo suficientemente como para soportar condiciones adversa o un trato descuidado.

Sacúdete el polvo

Los profetas tienen que aprender a "sacudirse el polvo". Los profetas quieren que todo el mundo reciba la verdad y sean bendecidos, pero a veces no sucede así. No puedes obligar a las personas a hacer lo que el Señor dice. A veces tienes que irte y "sacudirte el polvo".

Y si alguno no os recibiere, ni oyere vuestras palabras, salid de aquella casa o ciudad, y sacudid el polvo de vuestros pies.

—MATEO 10:14

Ten cuidado

Si te rechazan, no te llenes de demonios de dolor y rechazo. No dejes que esos demonios entren a tu vida. Recuerda la Palabra del Señor a Samuel:

Y dijo Jehová a Samuel: Oye la voz del pueblo en todo lo que te digan; porque no te han desechado a ti, sino a mí me han desechado, para que no reine sobre ellos.

—1 SAMUEL 8:7

No se trata de ti, sino del Señor. Alégrate, y en abundancia.

Bienaventurados sois cuando por mi causa os vituperen y os persigan, y digan toda clase de mal contra vosotros, mintiendo. Gozaos y alegraos, porque vuestro galardón es grande en los cielos; porque así persiguieron a los profetas que fueron antes de vosotros.

—Mateo 5:11–12

¡Alégrense, profetas!

Los profetas saben lo que es llorar. Los profetas conocen el dolor. Los profetas también necesitan alegrarse. Los profetas deben aprender a regocijarse incluso cuando las cosas no luzcan bien. Aprende del profeta Habacuc. "Por la noche durará el lloro…"

Aunque la higuera no florezca,
Ni en las vides haya frutos,
Aunque falte el producto del olivo,
Y los labrados no den mantenimiento,
Y las ovejas sean quitadas de la majada,
Y no haya vacas en los corrales;
Con todo, yo me alegraré en Jehová,
Y me gozaré en el Dios de mi salvación.
Jehová el Señor es mi fortaleza,
El cual hace mis pies como de ciervas,
Y en mis alturas me hace andar.
Al jefe de los cantores, sobre mis instrumentos de cuerdas.

—Habacuc 3:17–19

Porque un momento será su ira, pero su favor dura toda la
   vida.
Por la noche durará el lloro, y a la mañana vendrá la alegría.

—Salmo 30:5

A veces a los profetas les parece que claman en el desierto

Juan fue un profeta que clamaba en el desierto. Él estaba en el desierto. El desierto representa aislamiento y separación. Las personas venían al desierto para escucharle. No te desanimes profeta. Los que quieran escuchar lo harán.

Pues éste es aquel de quien habló el profeta Isaías, cuando dijo:
Voz del que clama en el desierto: Preparad el camino del Señor,

Enderezad sus sendas...Y salía a él Jerusalén, y toda Judea, y
toda la provincia de alrededor del Jordán.

—MATEO 3:3, 5

Encomienda a Jehová tus obras

Encomienda a Jehová tus obras, y tus pensamientos serán afir-
mados.

—PROVERBIOS 16:3

El corazón del hombre piensa su camino; mas Jehová endereza
sus pasos.

—PROVERBIOS 16:9

FUNCIONES GENERALES DE UN PROFETA

Mira que te he puesto en este día sobre naciones y sobre reinos,
para arrancar y para destruir, para arruinar y para derribar,
para edificar y para plantar.

—JEREMÍAS 1:10

¡Los profetas derrumban aquello que Dios no construyó! ¡Los profetas arrancan lo que Dios no sembró! ¡Los profetas destruyen lo que
Dios quiere que sea destruido!

Los profetas liberan ministerios

Dios utiliza a los profetas para enviar ministerios. Los profetas disfrutan liberar y ver ministerios liberados. A los profetas les encanta
ver a las personas activadas y liberadas en el destino que Dios les dio.
Les encanta ver que los planes y propósitos de Dios se cumplan en las
vidas de las personas.

Los planes y propósitos de Dios son su pasión.

A los profetas no les gusta estar en ministerios donde nadie es liberado. A los profetas no les gusta ver que se libere a las personas equi-
vocadas.

El ministerio de los profetas es orar e impones las manos en aquellos que han sido separados para un ministerio especial (Hechos 13:2).
Los profetas y maestros de Antioquía escucharon al Espíritu y separaron a Pablo y a Bernabé. Los separaron les impusieron las manos y los
enviaron. Los profetas nos ayudan a liberar ministerios.

Los profetas hacen más que profetizar

También oran, interceden, disciernen, lloran, adoran, cantan, declaran, anuncian, pronuncian, renuncian, decretan, construyen, rompen, arrancan, advierten, renuevan, restauran, reforman, aconsejan, ayudan, agitan, derriban, derrumban, siembran, riegan, envían, cuidan, protegen, vigilan, preparan, abren, cierran, reúnen, hacen sonar la alarma, suenan la trompeta, se paran en la brecha, traen convicción de pecado, producen cambios, juzgan, aclaran, trabajan, aran, confirman, dirigen, descubren, sueñan, tienen visiones, danzan, edifican, consuelan, reparan, sanan, liberan, sueltan, atan, evangelizan, pastorean, establecen, destapan, inculpan, desafían, perfeccionan, equipan, ordenan y animan.

Algunos profetas también son escribas.

Escriben sus sueños, visiones, palabras proféticas y perspectivas. Les encanta llevar un diario (llevan registros personales de sucesos, experiencias, y reflexiones de manera cotidiana; un diario).

> Por tanto, he aquí yo os envío profetas y sabios y escribas; y de ellos, a unos mataréis y crucificaréis, y a otros azotaréis en vuestras sinagogas, y perseguiréis de ciudad en ciudad.
>
> —MATEO 23:34

El profeta escriba no se limita a escribir sino que puede dar la palabra mediante audio, video, palabra impresa y otros medios de comunicación. Tienen un deseo de registrar lo que Dios está diciendo.

> Los profetas escribas no son sencillamente profetas que escriben y registra una profecía personal ni una palabra profética ocasional. En realidad son vasos que Dios usa por completo como profetas (en todo el sentido de la palabra); pero que también tiene una pasión ardiente arraigada dentro de ellos por registra, vigilar, liberar y enseñar los mensajes del cielos que se les han confiado bajo una orden específica. (Lea Ezequiel 9 y Ezequiel 10.)[4]
>
> —THERESA HARVARD JUANSON

Profetas escribas, regresen y lean las cosas que anotaron hace años, quizá les sorprenda lo que el Señor ha hecho para que esas cosas sucedan. Algunos de ustedes tienen diario que han escrito con el paso de los años. Dios es fiel.

Los escribas también son perseguidos.
Los sistemas religiosos de control detestan a los escribas. Es así porque los escritos de ellos desafían a estos sistemas. La verdad y la revelación pueden impartirse y liberarse mediante la escritura. La escritura siempre ha sido un arma poderosa de reformación.

> Por tanto, he aquí yo os envío profetas y sabios y escribas; y de ellos, a unos mataréis y crucificaréis, y a otros azotaréis en vuestras sinagogas, y perseguiréis de ciudad en ciudad.
>
> —Mateo 23:34

Músicos profetas
Necesitamos más que músicos. Necesitamos músicos profetas que liberen el sonido del cielo en la tierra. Algunos ejemplos bíblicos de músicos profetas son Asaf, Hemán y de Jedutún.

> Asimismo David y los jefes del ejército apartaron para el ministerio a los hijos de Asaf, de Hemán y de Jedutún, para que profetizasen con arpas, salterios y címbalos...
>
> —1 Crónicas 25:1

Hemán, el vidente del rey David
Hemán fue músico y vidente. Necesitamos más que músicos. Necesitamos músicos profetas (videntes).

> Todos éstos fueron hijos de Hemán, vidente del rey en las cosas de Dios, para exaltar su poder; y Dios dio a Hemán catorce hijos y tres hijas.
>
> —1 Crónicas 25:5

Profetas cantores
Juan y Jesús ministraron a Israel de maneras diferentes. El ministerio profético es como una canción. Juan vino cantando una endecha (canción lúgubre). Jesús vino tocando una canción de bodas. Israel no respondió a ninguno de los dos.
Los profetas requieren una respuesta. Los profetas liberan un sonido y una canción. ¿Qué están cantando y tocando los profetas?

> Os tocamos flauta, y no bailasteis; os endechamos, y no lamentasteis.
>
> —Mateo 11:17

Profetas que danzan

Tanto Miriam como David se expresaron mediante la danza. Los profetas son expresivos y la danza es una de las maneras más poderosas de expresar el poder, la victoria, el amor y la misericordia de Dios.

> Y María la profetisa, hermana de Aarón, tomó un pandero en su mano, y todas las mujeres salieron en pos de ella con panderos y danzas.
>
> —Éxodo 15:20

> Y David danzaba con toda su fuerza delante de Jehová; y estaba David vestido con un efod de lino.
>
> —2 Samuel 6:14

> Semejantes son a los muchachos sentados en la plaza, que dan voces unos a otros y dicen: Os tocamos flauta, y no bailasteis; os endechamos, y no llorasteis.
>
> —Lucas 7:32

CÓMO FUNCIONAN LOS PROFETAS CON OTROS DONES DEL MINISTERIO

Profetas y pastores

Los profetas a veces chocan con los pastores. A algunos pastores les resulta difícil tratar con los profetas. Los pastores necesitan también ser proféticos. Los pastores proféticos podrán aceptar mejor a los profetas y a las personas proféticas. Una de las peores cosas que pueden sucederle a un profeta es que los pastores los detengan.

A los pastores controladores no les gustan los profetas. Es así porque el control y la dominación son una forma de hechicería y los profetas pueden sospecharlo.

Pero estos pastores deben estar advertidos: cuando una iglesia o denominación pierde sus profetas (se marchan, los expulsan o los detienen), comenzará a declinar espiritualmente. A veces al principio es imperceptible, pero con el tiempo la presencia de Dios se va y se convierte en un monumento y no en un movimiento.

> El joven Samuel ministraba a Jehová en presencia de Elí; y la palabra de Jehová escaseaba en aquellos días; no había visión con frecuencia.
>
> —1 Samuel 3:1

Profetas y apóstoles

A los profetas les gusta estar con los apóstoles, y a los apóstoles les gusta estar con los profetas. Estos dos ministerios están vinculados en el Nuevo Testamento. Los profetas mueven a los apóstoles y los apóstoles mueven a los profetas. Estos ministerios se complementan y fortalecen mutuamente. Ambos tienden a ser perseguidos y malentendidos. Y parece ser que se entienden el uno al otro. Los profetas deben ser apostólicos y los apóstoles deben ser proféticos.

Por eso la sabiduría de Dios también dijo: Les enviaré profetas y apóstoles; y de ellos, a unos matarán y a otros perseguirán.
—LUCAS 11:49

Muchos líderes apostólicos tienen cónyuges proféticos.
Los apóstoles y los profetas trabajan juntos. Se complementan y equilibran mutuamente. Los apóstoles tienden a lidiar con la estructura y el orden mientras que los profetas son más espontáneos. Los apóstoles pueden volverse demasiado rígidos y necesitan a los profetas para que les ayuden a mantenerse flexibles y espontáneos. Los profetas pueden ser demasiado espontáneos y necesitan el orden y la estructura del apóstol. Estos ministerios pueden impartirse el uno al otro y por ende ambos salen más equilibrados.

Los profetas y los apóstoles son similares en sus funciones.
Muchos de los profetas del Antiguo Testamento hicieron lo que hoy consideraríamos apostólico. Muchos apóstoles hoy están haciendo lo que el Antiguo Testamento consideraría profético. Jesús dijo que Él enviaría (que es la palabra griega *apostolos*) profetas y apóstoles (Lucas 11:49). Por lo tanto, los profetas son enviados (*apostolos*).

Los profetas debieran ser apostólicos, es decir, "los enviados". Debieran ser enviados con poder y autoridad para establecer y edificar.

Los profetas y los apóstoles trabajan bien juntos.
El apóstol inicia y establece nuevo terreno, propósito bíblico y orden en el territorio enemigo; y los profetas llevan fuego, pasión y un sentido continuo de urgencia a las comunidades de fe de aquellas entidades establecidas por los apóstoles.[5]

El apóstol necesita al profeta para que el fuego siga ardiendo en lo que se ha iniciado y establecido.

Cuando los profetas y los apóstoles trabajan juntos se produce sinergia.

La sinergia es la "interacción o cooperación de dos o más organizaciones, sustancias u otros agentes para producir un efecto combinado mayor que la suma de sus dos efectos por separado".[6] Los líderes apostólicos necesitan una fuerza profética (tanto de manera verbal como en unción), o sus iglesias carecerán del ingrediente fundamental que se necesita para mantener el impulso. Los profetas ayudan a liberar energía y entusiasmo.

Los profetas y los apóstoles quieren ver a Cristo formado en los creyentes.

Los profetas desean que la imagen de Cristo se refleje en los santos. Este es el trabajo (labor, penuria, alumbramiento...) del profeta. También es el deseo y la labor de los apóstoles.

> Hijitos míos, por quienes vuelvo a sufrir dolores de parto, hasta que Cristo sea formado en vosotros.
>
> —Gálatas 4:19

Los profetas y los apóstoles detestan cuando nos gloriamos en los hombres.

No hay nada de malo en honrar a los hombres. No hay nada de malo en dar apoyo a los líderes. Pero no debemos gloriarnos en ellos. Gloriarse significa hacer alarde. Los apóstoles y los profetas impugnarán el "gloriarse en los hombres". Todos los hombres y las mujeres que Dios envía nos pertenecen a todos.

> Así que, ninguno se gloríe en los hombres; porque todo es vuestro.
>
> —1 Corintios 3:21

Dios no está buscando súper profetas o apóstoles.

No tienes que ser un profeta "élite" ni un "súper" profeta para escuchar al Señor y hablar por Él. No te compares con otros. Muchos han elevado estos ministerios a un nivel al que las personas piensan que nunca podrán llegar. Hubo cientos de profetas en Israel cuyos nombres nunca se mencionan en la Biblia. Sé tú mismo.

Profetas y evangelistas

Juntos, los profetas y los evangelistas pueden asegurar que el fuego nunca se apague. El fuego de la oración, la adoración y el evangelismo nunca debe apagarse. Este fuego debe arder de generación en generación.

El fuego arderá continuamente en el altar; no se apagará.

—Levítico 6:13

Profetas y maestros

Estos ministerios trabajan juntos para edificar la iglesia. Los profetas y maestros se complementan mutuamente. Los profetas necesitan que los maestros les ayuden con la instrucción. Los maestros necesitan que los profetas les ayuden con inspiración. Estos dos al trabajar juntos se equilibran y fortalecen mutuamente. Además proporcionan una atmósfera para la liberación apostólica (Hechos 13:1–5).

Había entonces en la iglesia que estaba en Antioquía, profetas y maestros: Bernabé, Simón el que se llamaba Niger, Lucio de Cirene, Manaén el que se había criado junto con Herodes el tetrarca, y Saulo.

—Hechos 13:1

Los profetas y otros profetas

Los profetas no están fuera de control cuando ministran. Los profetas son personas disciplinadas que respetan el orden (los profetas detestan el desorden y la confusión). Los profetas saben cómo trabajar y ministrar con otros, especialmente con otros profetas.

Los profetas son muy exigentes entre sí. Los profetas conocen a otros profetas. Los profetas pueden discernir cuando algo anda mal en otro profeta.

Asimismo, los profetas hablen dos o tres, y los demás juzguen.

—1 Corintios 14:29

Y los espíritus de los profetas están sujetos a los profetas.

—1 Corintios 14:32

El don de profecía está bajo el control de los profetas

—1 Corintios 14:32, nvi
(Lea también 1 Reyes 18:28)

MUJERES PROFÉTICAS

Existen muchos pastores que tienen esposas proféticas. Algunos pastores quieren que sus esposas sean primeras damas que simplemente luzcan bien y sonrían. Algunos pastores no reciben el don que Dios ha puesto en sus esposas y no les permiten o no las liberan para que ministren. Esto es vergonzoso y necesita acabarse. No permitas que la religión y la tradición mantengan a las mujeres encerradas en una caja. Dios no les dio el Espíritu Santo a las mujeres para que se queden sentadas y calladas mientras se les detiene y se les ignora. Los pastores así acabarán en problemas porque rechazan el don que Dios ha puesto en sus vidas para ayudarles.

Las mujeres proféticas darán en el clavo

Esta es una palabra profética que Dios me dio para las mujeres usando el ejemplo de Jael cuando le clavó la estaca a Sísara en la cabeza.

> Pero Jael mujer de Heber tomó una estaca de la tienda, y poniendo un mazo en su mano, se le acercó calladamente y le metió la estaca por las sienes, y la enclavó en la tierra, pues él estaba cargado de sueño y cansado; y así murió.
>
> —Jueces 4:21

Dar en el clavo significa llegar al punto; hacer o decir algo de manera precisa y correcta; ser exacto; dar en el blanco; detectar y denunciar (una mentira, un escándalo, etc.).

Mujeres proféticas, prepárense para "dar en el clavo". Sus declaraciones proféticas vendrán como anillo al dedo.

Las hijas de Zelofehad

Las hijas tienen una herencia. Las hijas tienen una herencia en el ministerio profético. Las hijas también profetizan. Los padres apostólicos liberan y bendicen a las hijas.

> Vinieron las hijas de Zelofehad hijo de Hefer, hijo de Galaad, hijo de Maquir, hijo de Manasés, de las familias de Manasés hijo de José, los nombres de las cuales eran Maala, Noa, Hogla, Milca y Tirsa; y se presentaron delante de Moisés y delante del sacerdote Eleazar, y delante de los príncipes y de toda la congregación, a la puerta del tabernáculo de reunión, y dijeron: Nuestro padre murió en el desierto; y él no estuvo en la

compañía de los que se juntaron contra Jehová en el grupo de
Coré, sino que en su propio pecado murió, y no tuvo hijos. ¿Por
qué será quitado el nombre de nuestro padre de entre su familia,
por no haber tenido hijo? Danos heredad entre los hermanos
de nuestro padre. Y Moisés llevó su causa delante de Jehová.
Y Jehová respondió a Moisés, diciendo: Bien dicen las hijas de
Zelofehad; les darás la posesión de una heredad entre los hermanos de su padre, y traspasarás la heredad de su padre a ellas.

—Números 27:1–7

Las hijas de Felipe

Felipe tenía cuatro hijas que profetizaban (Hechos 21:9). El profeta
Joel dijo que las hijas profetizarían (Joel 2:28). Había varias mujeres en
el aposento alto (Hechos 1:14). La liberación del Espíritu Santo el día
de Pentecostés abrió la puerta para que las mujeres se involucraran en
el ministerio profético de una manera sin precedentes. Ahora las mujeres están libres para profetizar en números que son mayores que nunca.

Y en los postreros días, dice Dios,
Derramaré de mi Espíritu sobre toda carne,
Y vuestros hijos y vuestras hijas profetizarán;
Vuestros jóvenes verán visiones,
Y vuestros ancianos soñarán sueños.

—Hechos 2:17

Miriam

Miriam, la hermana de Moisés, era profeta. Ella guió a las mujeres
en una danza para celebrar la victoria de Dios sobre faraón. También
se reconoce que fue enviada junto con Moisés y Aarón para sacar a
Israel de Egipto. Por lo tanto, desempeñó un rol prominente en la liberación de Israel de su yugo de esclavitud.

Y María la profetisa, hermana de Aarón, tomó un pandero en
su mano, y todas las mujeres salieron en pos de ella con panderos y danzas.

—Éxodo 15:20

Porque yo te hice subir de la tierra de Egipto, y de la casa de
servidumbre te redimí; y envié delante de ti a Moisés, a Aarón
y a María.

—Miqueas 6:4

Hulda

Hulda fue una profetisa reconocida por el rey Josías. Cuando el rey descubrió el libro de la Ley, rasgó sus vestidos y envió hombres a Hulda para que consultara al Señor. Hulda era guarda de las vestiduras del rey y habló al rey la palabra del Señor sobre el juicio que vendría sobre Israel. Ella dijo que no sucedería en su tiempo porque él se había humillado a sí mismo.

Andad, consultad a Jehová por mí y por el remanente de Israel y de Judá acerca de las palabras del libro que se ha hallado; porque grande es la ira de Jehová que ha caído sobre nosotros, por cuanto nuestros padres no guardaron la palabra de Jehová, para hacer conforme a todo lo que está escrito en este libro.

Entonces Hilcías y los del rey fueron a Hulda profetisa, mujer de Salum hijo de Ticva, hijo de Harhas, guarda de las vestiduras, la cual moraba en Jerusalén en el segundo barrio, y le dijeron las palabras antes dichas.

Y ella respondió: Jehová Dios de Israel ha dicho así: Decid al varón que os ha enviado a mí, que así ha dicho Jehová…

—2 Crónicas 34:21–23

Débora

Débora fue una profetiza, jueza y madre en Israel. Fue profetiza y jueza a nivel nacional, reconocida en todo Israel. Israel venía a ella para resolver las disputas. Los profetas pueden ayudar a resolver disputas. El papel de Débora como madre representaba su amor y compasión por Israel. Las madres pueden ser profetas.

Gobernaba en aquel tiempo a Israel una mujer, Débora, profetisa, mujer de Lapidot.

—Jueces 4:4

Las aldeas quedaron abandonadas en Israel, habían decaído, hasta que yo Débora me levanté, me levanté como madre en Israel.

—Jueces 5:7

La esposa de Isaías

Isaías, el profeta mayor, consideraba a su esposa una profetisa. Esto muestra que ambos, esposo y esposa, pueden ser profetas. Esto constituirá un fuerte equipo profético.

Y me llegué a la profetisa, la cual concibió, y dio a luz un hijo.
Y me dijo Jehová: Ponle por nombre Maher-salal-hasbaz.

—Isaías 8:3

Ana

Ana era una profetisa que oraba y ayunaba. Hablaba a todos los que
buscaban redención y al Mesías venidero. Con su oración y ayuno ayu-
dó a preparar el camino para que el Señor viniera. Ella oraba y ayunaba en el templo y no salía de la casa de Dios. Ana muestra la imagen
de una profetisa intercesora.

Estaba también allí Ana, profetisa, hija de Fanuel, de la tribu
de Aser, de edad muy avanzada, pues había vivido con su marido siete años desde su virginidad, y era viuda hacía ochenta y
cuatro años; y no se apartaba del templo, sirviendo de noche y
de día con ayunos y oraciones. Esta, presentándose en la misma
hora, daba gracias a Dios, y hablaba del niño a todos los que
esperaban la redención en Jerusalén.

—Lucas 2:36–38

PROFETAS JÓVENES

A un joven profeta se le dijo que fuera a Betel, que clamara en contra del
pecado de Israel, que no se quedara y que regresara por otro camino. Un
profeta anciano se encontró con él y le mintió, le dijo que un ángel se
había aparecido y que le dijo que se quedara y comiera en su casa. El profeta joven fue engañado, comió con el profeta anciano y un león lo mató.

Profeta joven, ten cuidado. No permitas que nadie, incluyendo a
otros profetas, te diga algo diferente de lo que Dios te dice.

El profeta anciano le mintió porque quería que el profeta joven
comiera con él en su casa. Quizá estaba solo y le emocionaba ver a
otro profeta en Betel.

Y el otro le dijo, mintiéndole: Yo también soy profeta como
tú, y un ángel me ha hablado por palabra de Jehová, diciendo:
Tráele contigo a tu casa, para que coma pan y beba agua.

—1 Reyes 13:18

Y yéndose, le topó un león en el camino, y le mató; y su cuerpo estaba echado en el camino, y el asno junto a él, y el león
también junto al cuerpo. Y he aquí unos que pasaban, y vieron

el cuerpo que estaba echado en el camino, y el león que estaba junto al cuerpo; y vinieron y lo dijeron en la ciudad donde el viejo profeta habitaba.

—1 REYES 13:24–25

Tres cosas que requiere el Señor

Estas tres cosas aplican a todos los creyentes, y en especial a los profetas. Profetas jóvenes, aprendan lo que el Señor requiere de ustedes y sean fieles en hacer y decir todo lo que él ordena.

Oh hombre, él te ha declarado lo que es bueno, y qué pide Jehová de ti: solamente hacer justicia, y amar misericordia, y humillarte ante tu Dios.

—MIQUEAS 6:8

1. Hacer justicia. Trata a las personas imparcialmente. No te aproveches de los débiles. No maltrates a otros. No uses tu poder y autoridad para destruir a otros. No devuelvas mal por bien. No olvides ni pases por alto a las personas que te han ayudado. No maltrates a tus amigos. No uses ni abuses de otros para ganancia personal. No destruyas a las personas mediante la calumnia ni la murmuración. Protege y defiende al inocente. No hagas fraude a las personas sino dales a todos lo que les corresponde. Emite veredictos y juicios correctos en contra de la maldad. No favorezcas ni excuses a los malvados y rebeldes.
2. Amar misericordia. Sé amable y compasivo para con los demás. Muestra misericordia. No seas crítico, condenador, ni tengas justicia propia. Perdona y sé bondadoso. Ayuda y bendice a los oprimidos. Apoya a los débiles. Sé generoso y benevolente. Bendice a los que te maldicen.
3. Camina en humildad. No seas engreído, orgulloso, rudo ni arrogante. No menosprecies a otros. No te promuevas a ti mismo. Sé fácil de enseñar y dispuesto a recibir la corrección. Reconoce cuando te equivocas y pide disculpas enseguida. Inclínate, adora y siempre se reverente ante Dios. No tengas más alto concepto de ti que el que debes tener. Honra y respeta a los que son superiores a ti. Sométete y respeta a los que tienen autoridad. No olvides de dónde saliste. Examínate a ti mismo.

Mantener una actitud de humildad es crucial en el ministerio profético. De lo contrario, el elitismo se cuela y crece para caracterizar a las personas y grupos proféticos. Experimentar una revelación sobrenatural puede ser un "vino embriagador" y a menudo las personas comienzan a tener un concepto de sí mismas más alto del que debieran tener luego de beberlo durante cierto período de tiempo.[7]

—MICHAEL SULLIVANT

Cultiva tu don

Cultivar una vida profética también implica cultivar una vida escondida en la Palabra. Conocer la Escritura nos permite conocer el carácter de Dios, la manera en que Él habla y los parámetros que Él ha establecido para el ministerio profético. Podemos juzgar la profecía mediante el estándar de la Palabra y mediante el fruto del Espíritu, sabiendo que podemos desechar cualquier palabra que recibamos que no esté acorde con la Escritura y el grupo del amor, gozo, paz, paciencia, benignidad, bondad, fe, mansedumbre, templanza.[8]

—PATRICIA BOOTSMA

LA VIDA INUSUAL DE UN PROFETA

Los profetas pueden verse en los lugares y circunstancias más inusuales, y preguntarse: "¿Cómo llegué hasta aquí?". Profeta, Dios tiene una manera de colocarte allí para liberar su sabiduría y su palabra. No te sorprendas cuando te veas ministrando. Dios abrirá puertas para ti, te enviará y te colocará con personas que de manera ordinaria nunca conocerías. Ellos necesitan lo que tú tienes.

Levántate, vete a Sarepta de Sidón, y mora allí; he aquí yo he dado orden allí a una mujer viuda que te sustente.

—1 REYES 17:9

Tus tareas inusuales podrían llevarte a ministrar a presidentes, oficiales del gobierno, empresarios, celebridades, viudas, y más.

A menudo a los profetas se les llama a hablar al poder.

Los profetas pueden hablar a personas poderosas y los que ocupan posiciones de poder. Esto sucede porque muchas veces el poder su usa mal o se abusa de él. Natán habló a David. Este es un ejemplo de hablar al poder. A veces el poder no quiere escuchar lo que los profetas dicen. Jesús habló al poder cuando desafió a los líderes religiosos de su tiempo por su hipocresía y abuso.

Y Acab dijo a Elías: ¿Me has hallado, enemigo mío? Él respondió: Te he encontrado, porque te has vendido a hacer lo malo delante de Jehová.

—1 REYES 21:20

Los profetas son llamados a hablar al poder político, el poder económico, el poder religioso y demás. Los profetas también oran por los que tienen poder.

El poder tiende a corromper, y el poder absoluto corrompe absolutamente. Los hombres que son grandes figuras casi siempre son hombres malos.[9]

—BARÓN ACTON

Esta cita famosa se refiere al hecho de que a los hombres se les ha hecho difícil manejar el poder. El orgullo tiene a corromper a los hombres de poder y es por eso que necesitamos profetas que hablen al poder y lo desafíen.

Moisés es la excepción. Él fue un hombre de gran poder, pero se le llama el hombre más manso de la tierra. Nunca necesitó un profeta que lo corrigiera.

Y aquel varón Moisés era muy manso, más que todos los hombres que había sobre la tierra.

—NÚMEROS 12:3

Y quebrantaré la soberbia de vuestro orgullo, y haré vuestro cielo como hierro, y vuestra tierra como bronce.

—LEVÍTICO 26:19

Los profetas amenazan la posición religiosa.

Los fariseos odiaban a Jesús porque les parecía que perderían su lugar. Ese era el quid del asunto. Habían trabajado por años para lograr sus posiciones y temían perder dichas posiciones.

Odiaban a Jesús no porque él los insultara sino porque Él amenazaba su seguridad, prestigio e ingresos. Él iba a arruinar todo aquello por lo que ellos habían trabajado tanto.[10]

—R. C. SPROUL JR.

Si lo dejamos seguir así, dentro de poco todos van a creer en él. Entonces, el ejército romano vendrá y destruirá tanto nuestro templo como nuestra nación.

—JUAN 11:48

Los dones de un profeta funcionarán en los lugares más inusuales.

El don de José funcionó en la prisión y lo llevó al palacio. Las personas necesitan profetas en todas partes. Los que te necesiten, te encontrarán o Dios los te mandará a ellos. Tu don te dará espacio y te llevará ante hombres grandes (Proverbios 18:16).

Los profetas tienen experiencias inusuales con Dios (Peniel).

Los profetas no son normales, y sus experiencias no son normales. Los profetas son diferentes porque tienen visitaciones. Salvaciones inusuales, liberaciones, sueños, visiones y encuentros divinos son la porción del profeta. Cuando una persona se encuentra con Dios no puede permanecer igual.

Moisés se encontró con una zarza ardiendo. Isaías vio al Señor en su gloria. Ezequiel tuvo visiones de Dios. Daniel tuvo visitaciones angelicales. Jeremías se encontró con Dios a corta edad. Juan fue lleno del Espíritu Santo en el vientre de su madre. Dios se le apareció a Jacob en un sueño.

Los profetas son diferentes porque han encontrado a Dios de una manera inusual. Los profetas tienen testimonios inusuales. Si le cuentas a las personas algunas de las experiencias pudieran pensar que estás loco o que eres raro.

Dios trata con los profetas de noche

No es inusual que Dios trate con los profetas en la noche. Las visiones nocturnas, la oración en la noche y las meditaciones en la noche son comunes para muchos profetas.

Cuando me acuerde de ti en mi lecho, cuando medite en ti en las vigilias de la noche.

—SALMO 63:6

Miraba yo en la visión de la noche, y he aquí con las nubes del cielo venía uno como un hijo de hombre, que vino hasta el Anciano de días, y le hicieron acercarse delante de él.

—DANIEL 7:13

Y gritó como un león: Señor, sobre la atalaya estoy yo continuamente de día, y las noches enteras sobre mi guarda.

—Isaías 21:8

Miraba yo en la visión de la noche, y he aquí con las nubes del cielo venía uno como un hijo de hombre, que vino hasta el Anciano de días, y le hicieron acercarse delante de él.

—Daniel 7:13

El estilo de vida del profeta es contrario a aquello contra lo cual se pronuncia

Hay una razón por la cual Juan el Bautista estaba en el desierto y no en Jerusalén, aunque era el hijo de un sacerdote. Él no podía estar donde estaba la clase dirigente. No podía disfrutar de sus beneficios y al mismo tiempo delatar la falsedad de esta. No podemos, en nuestro propio estilo de vida, regodearnos en aquello que condenamos frente a otros. Por lo tanto, el estilo de vida es considerablemente importante con respecto a la palabra que se proclama, y probablemente no hay nada que delate más si eres un profeta verdadero o falso que esto.[11]

—Art Katz

LA VIDA SECRETA DE UN PROFETA

Los profetas hacen la mayor parte de su trabajo en secreto. Los profetas no necesitan plataformas, aunque Dios pudiera dárselas. Los profetas no tienen que ser vistos, aunque Dios pudiera destacarlos. Los profetas oran, llora, ministran al Señor y estudian en secreto. Lo que Dios les muestra en secreto, ellos lo dicen al mundo. A los profetas les encanta la soledad. Los profetas detestan la exageración y el sensacionalismo que ven en muchas plataformas.

Jesús oró en secreto.

Levantándose muy de mañana, siendo aún muy oscuro, salió y se fue a un lugar desierto, y allí oraba.

—Marcos 1:35

Mas tú, cuando ores, entra en tu aposento, y cerrada la puerta, ora a tu Padre que está en secreto; y tu Padre que ve en lo secreto te recompensará en público.

—Mateo 6:6

Los profetas lloran en secreto

Los profetas lloran a causa del orgullo y la rebelión. Lloran cuando nadie los ve. Lloran en sus lugares secretos.

Mas si no oyereis esto, en secreto llorará mi alma a causa de vuestra soberbia; y llorando amargamente se desharán mis ojos en lágrimas, porque el rebaño de Jehová fue hecho cautivo.

—JEREMÍAS 13:17

Los profetas llaman a los profetas en secreto

Esto se cumple especialmente cuando los líderes tienen problemas.

El rey Sedequías envió y le sacó; y le preguntó el rey secretamente en su casa, y dijo: ¿Hay palabra de Jehová? Y Jeremías dijo: Hay. Y dijo más: En mano del rey de Babilonia serás entregado.

—JEREMÍAS 37:17

Había un hombre de los fariseos que se llamaba Nicodemo, un principal entre los judíos. Este vino a Jesús de noche, y le dijo: Rabí, sabemos que has venido de Dios como maestro; porque nadie puede hacer estas señales que tú haces, si no está Dios con él.

—JUAN 3:1-2

Los profetas están escondidos

A menudo los profetas se esconden de la vista. Hacen gran parte de su obra en el lugar secreto. Los que se esconden son los "secretos", "los protegidos", los preciados".

Contra tu pueblo han consultado astuta y secretamente, y han entrado en consejo contra tus protegidos.

—SALMO 83:3

LA VIDA DE ORACIÓN DE UN PROFETA

La oración, la intercesión, la súplica, la petición, buscar, llamar, clamar sin cesar, pararse en la brecha, en el lugar secreto, en el espíritu, velar, levantar, ponerse de acuerdo, llegar la carga, perseverar, prevalecer, luchar, llorar, hacer nacer, trabajar, gemir, estas cosas constituyen la vida de oración de un profeta. Ana la profetisa, como dije antes, es un cuadro de un profeta que intercede.

Una parte importante de la tarea de un profeta es orar. Ya que él conoce la mente del Señor, está en posición para orar de manera eficaz. Tiene un cuadro claro de lo que Dios está haciendo, así que sabe dónde es más necesaria la oración. El profeta vela por la palabra del Señor y ora para que esta se realice. No debe descansar hasta que Dios haya cumplido su palabra (Isaías 62:6).[12]

　　　　　　　　　　　　　　　　　　　　　　—Ron McKenzie

La intercesión profética es un ministerio de fe. No siempre conocemos la razón por la carga de oración que el Espíritu Santo nos da; ni siempre conocemos el resultado de nuestras oraciones; pero sí sabemos que Dios es fiel. Y que la recompensa mayor de la intercesión profética es la intimidad con el Espíritu Santo.[13]

　　　　　　　　　　　　　　　　　　　　　　—Helen Calder

LOS LUGARES DONDE LOS PROFETAS CRECEN Y SE DESARROLLAN
Familias proféticas
Dios puede levantar a tus hijos para que sean profetas. Dios llamó a Jeremías cuando era un niño. Los niños proféticos deben tratarse de manera diferente. No son como los demás niños. Son únicos y muy sensibles al Espíritu de Dios y al reino espiritual.

Y levanté de vuestros hijos para profetas, y de vuestros jóvenes para que fuesen nazareos. ¿No es esto así, dice Jehová, hijos de Israel?

　　　　　　　　　　　　　　　　　　　　　　—Amós 2:11

Y me dijo Jehová: No digas: Soy un niño; porque a todo lo que te envíe irás tú, y dirás todo lo que te mande…

　　　　　　　　　　　　　　　　　　　　　　—Jeremías 1:7

Comunidades proféticas: una compañía de profetas
Y cuando llegaron allá al collado, he aquí la compañía de los profetas que venía a encontrarse con él; y el Espíritu de Dios vino sobre él con poder, y profetizó entre ellos.

　　　　　　　　　　　　　　　　　　　　　　—1 Samuel 10:10

Primera de Samuel 10:10 es la primera mención de "una compañía (cuerda, cadena o banda) de profetas" (Nabhis). Anteriormente hubo profetas individuales. Y en una ocasión los setenta ancianos profetizaron (Números 11:25), y Moisés dijo: "Ojalá todo el pueblo de Jehová fuese profeta, y que Jehová pusiera su espíritu sobre ellos". Pero hasta la época de Samuel no había asociación o comunidad, colegio o escuela, de profetas.

El lenguaje [del profeta Samuel] muestra su relación íntima con esta "compañía" de la que sin duda fue el fundador... Su formación se debía a una vida religiosa que recién se había despertado entre el pueblo y cuyo fin era profundizarla y extenderla.

[La compañía] se levantó alrededor del mismo tiempo en que se estableció la monarquía y proporcionó una sucesión estable de profetas mediante los cuales se hablaba palabra del Señor para guía y freno del rey. "Samuel vio la necesidad de facilitar un nuevo sistema de entrenamiento para aquellos que deberían ser sus sucesores en el oficio profético, y formó en sociedades a los que compartían el místico don que era sencillamente capaz de cultivarse y extenderse".

Estos formaron una "compañía", una sociedad voluntaria, organizada y al parecer vivían juntos en el mismo lugar y buscaban el mismo modo de vida. El vínculo de su unión era el espíritu común que poseían; y su asociación contribuyó a su preservación y prosperidad... "Ellos presentaban el poder unificador y asociativo del espíritu profético contra la interrupción de la vida teocrática, que fue un legado del tiempo de los jueces" (Erdmann).[14]

Esta comunidad de profetas también estaba activa en los tiempos de Elías y Eliseo. Estas compañías también incluían mujeres como Hulda la profetisa de 2 Reyes 22:14:

Entonces fueron el sacerdote Hilcías, y Ahicam, Acbor, Safán y Asaías, a la profetisa Hulda, mujer de Salum hijo de Ticva, hijo de Harhas, guarda de las vestiduras, la cual moraba en Jerusalén en la segunda parte de la ciudad, y hablaron con ella.

Estos profetas se unieron en comunidad para animarse unos a otros y edificar sus dones. Adoraban juntos, comían juntos y a veces vivían juntos. La fuerza de sus dones no se desarrolló de manera aislada. Otras personas con ideas afines los nutrieron y confirmaron.

Que haya compañías (grupos) de profetas en toda ciudad e iglesia. Profetas, no están solos.

Entonces Saúl envió mensajeros para que trajeran a David, los cuales vieron una compañía de profetas que profetizaban, y a

Samuel que estaba allí y los presidía. Y vino el Espíritu de Dios sobre los mensajeros de Saúl, y ellos también profetizaron.

—1 SAMUEL 19:20

Casas proféticas

Las iglesias proféticas fuertes activarán y liberarán a un gran número de profetas y personas proféticas debido a una fuerte atmósfera profética que conlleva a fomentar y desarrollar profetas. Cada ciudad y región necesita que se establezca este tipo de iglesias para que el territorio reciba la bendición de los profetas y las declaraciones proféticas. Estas iglesias serán fuertes en la adoración y la profecía, y tendrán líderes proféticos fuertes para ayudar a madurar los dones proféticos que surjan. Estamos viendo que alrededor del mundo se establecen cada más este tipo de iglesias.

Los profetas necesitan una comunidad de fe amorosa donde se les acepte, se les entrene y se les libere. Esta es una atmósfera que contribuye a su crecimiento y desarrollo.

Centros proféticos

Muchas iglesias se convertirán en centros proféticos para sus ciudades y regiones. Un centro es un lugar de actividad o interés; un punto focal; un centro alrededor del cual giran otras cosas o a partir del cual estas irradian. Estos centros serán los lugares de ánimo, entrenamiento, activación e impartición para los profetas y la gente profética. Ramá fue un centro profético bajo el liderazgo de Samuel (1 Samuel 19:18–20).

Ora para que estos centros se establezcan en tu región. Encuentra un centro para recibir ánimo y ser liberado al flujo profético.

Huyó, pues, David, y escapó, y vino a Samuel en Ramá, y le dijo todo lo que Saúl había hecho con él. Y él y Samuel se fueron y moraron en Naiot. Y fue dado aviso a Saúl, diciendo: He aquí que David está en Naiot en Ramá…

—1 SAMUEL 19:18–19

Equipos proféticos

Cuando las personas fluyen juntas en equipos proféticos, es fácil moverse y fluir en la profecía. Está la influencia profética que se establece sobre el equipo para que a cada quien le sea fácil liberar la profecía. Además, cada uno añade al flujo y la experiencia de lo profético.[15]

—ASHISH RAICHUR

Los equipos proféticos son buenos para ayudar a los ministerios proféticos jóvenes a trabajar con ministerios proféticos más experimentados. Esto ayuda a los ministros jóvenes a desarrollarse y hacer más fuertes al estar cerca de aquellos que son más maduros y fuertes. Además hay una impartición que puede recibirse y una experiencia valiosa que ayuda a las personas a desarrollar la fe en ministrar proféticamente.

La escuela de los profetas

Fue bajo la administración del profeta-juez Samuel que encontramos el desarrollo de la escuela de los profetas. En este período de tiempo en particular, alrededor del 931–1050 a. C., hubo muchos falsos profetas que se levantaron con medios falsos de revelaciones y adivinaciones. Así que Samuel, guiado por el Señor, estableció estos centros de entrenamiento donde a los jóvenes se les enseñaría la ley de Moisés, responder al Espíritu de Dios y la alabanza y adoración proféticas.

Aunque no se nos puede enseñar a profetizar, excepto mediante la inspiración del Espíritu Santo, las escuelas tenían el objetivo de instruir a los hijos de los profetas en cómo canalizar y fluir con el espíritu que venía sobre ellos. El profeta jefe también enseñaba a los alumnos la sumisión y disciplina del profeta.[16]

Cuevas proféticas

Las iglesias necesitan más líderes del tipo de Abdías. Abdías protegió, alimentó y cobijó a los profetas cuando Jezabel trataba de destruirlos. Algunas iglesias tendrán líderes con esta unción como la de Abdías y se convertirán en cuevas proféticas para esconder, cobija, nutrir y proteger a los profetas.

Porque cuando Jezabel destruía a los profetas de Jehová, Abdías tomó a cien profetas y los escondió de cincuenta en cincuenta en cuevas, y los sustentó con pan y agua.

—1 Reyes 18:4

Desiertos proféticos

Muchos profetas se desarrollan en el desierto porque no hay lugar de desarrollo en la iglesia. Juan se desarrolló en el desierto. No había lugar para su desarrollo en el sistema religioso de Jerusalén.

En aquellos días vino Juan el Bautista predicando en el desierto
de Judea.

—Mateo 3:1

Pueblos de profetas

Manejé de Illinois a Iowa hace un tiempo y pasé por un pueblo llamado Prophetstown [pueblo del profeta, nota de la traductora] en Illinois. He vivido toda mi vida en Illinois, y nunca había oído de esta
ciudad. Investigué sobre ella y esto es lo que encontré:

> Prophetstown lleva el nombre de Wabokieshiek (nube blanca)
> un curandero conocido como "el profeta". También era amigo y
> consejero del jefe de tribu Halcón Negro. Nacido en 1794, pre-
> sidió en la villa conocida como "la villa del profeta" en Rock
> River. Era medio winnebago y medio sauk, y tenía una gran
> influencia en ambas tribus.[17]

Oro para que el Señor levante "pueblos de profetas" en toda región
a lo largo del planeta. Que los verdaderos profetas se levanten y salgan en todo pueblo y ciudad. Que la nube de gloria (nube blanca) esté
en estas ciudades.

> El le respondió: He aquí ahora hay en esta ciudad un varón de
> Dios, que es hombre insigne; todo lo que él dice acontece sin
> falta. Vamos, pues, allá; quizá nos dará algún indicio acerca del
> objeto por el cual emprendimos nuestro camino.

—1 Samuel 9:6

A LOS PROFETAS QUE SON LOS PRIMEROS EN SUS FAMILIAS

Algunos profetas tienen profetas en familias. Algunos son hijos e
hijas de profetas, pero hay un profeta a quien yo amo. Son los profetas
que son los primeros en sus familias. Dios los llama y los levanta de la
nada. No tienen un legado profético. Parecen aparecer en escena como
Amós. Son profetas pioneros. No son profetas profesionales. A menudo Dios mismo los entrena.

> Entonces respondió Amós, y dijo a Amasías: No soy profeta, ni
> soy hijo de profeta, sino que soy boyero, y recojo higos silves-
> tres. Y Jehová me tomó de detrás del ganado, y me dijo: Ve y
> profetiza a mi pueblo Israel.

—Amós 7:14–15

2

CARACTERÍSTICAS DE UN PROFETA

Y los espíritus de los profetas están sujetos a los profetas.
—1 Corintios 14:32

L os profetas son iguales en todas partes del mundo. Aunque pueden ser diferentes, son propensos a tener las mismas características. Toda nación los tiene. Toda ciudad los tiene. Toda región los tiene. Existe en toda generación. Tú no estás solo. Eres partes de una compañía global de profetas. Las mismas cosas les afligen a ellos, los conmueven, les causan alegría y les hacen llorar. Las páginas que siguen en este capítulo enumeran, identifican y describen características comunes que los profetas comparten. Este conocimiento te dará fortaleza y confianza para ser el profeta que Dios te ha llamado a ser y para reconocer y validar a los demás profetas en tu vida.

Los profetas son extremadamente fieles a Dios y aman la justicia

Los profetas tienen una lealtad extrema hacia Dios y un amor por la justicia (conducta o tratamiento justo para con otros, sobre todo con los pobres y menos favorecidos). No hay nada de malo en ti si la injusticia y el maltrato a otros te duele y te enoja, así te hizo Dios.

No hay quien clame por la justicia, ni quien juzgue por la verdad; confían en vanidad, y hablan vanidades; conciben maldades, y dan a luz iniquidad.

—Isaías 59:4

Hacer justicia y juicio es a Jehová más agradable que sacrificio.

—Proverbios 21:3

Los profetas defienden a los pobres, los necesitados y los huérfanos

Es natural que un profeta defienda a los pobres y necesitados. Los profetas detestan la injusticia y defenderán a aquellos a quienes se les trata injustamente.

> ¿Hasta cuándo juzgaréis injustamente, y aceptaréis las personas de los impíos?
> Defended al débil y al huérfano;
> Haced justicia al afligido y al menesteroso.
> Librad al afligido y al necesitado;
> Libradlo de mano de los impíos.

—Salmo 82:2–4

Los profetas claman por justicia y rectitud.

La rectitud puede traducirse como justicia, imparcialidad y equidad. Los profetas detestan la religión y los sacrificios sin justicia y rectitud.

> Pero corra el juicio como las aguas, y la justicia como impetuoso arroyo.

—Amós 5:24

> Entonces entenderás justicia, juicio y equidad, y todo buen camino.

—Proverbios 2:9

La justicia fue un tema importante para los profetas. Los profetas igualaban la justicia con la rectitud. No puedes ser injusto y recto a la misma vez. Los sinónimos de *justicia* incluyen igualdad, imparcialidad, bondad, rectitud, virtud, honor, integridad, entereza.

Lo contrario a justicia incluye predisposición, favor, favoritismo, parcialidad, partidismo, prejuicio.

Los profetas obran con justicia.

La historia de Nabot destaca cómo los profetas tratan con la injusticia. Jezabel se apoderó de la viña de Nabot para Acab al presentar testigos falsos y hacer que los mataran. Esto es un ejemplo de cómo los poderosos se aprovechan de los débiles. Dios envió una palabra a Acab por medio de Elías, diciendo que los perros lamerían su sangre en el lugar donde lamieron la sangre de Nabot.

> Y le hablarás diciendo: Así ha dicho Jehová: ¿No mataste, y también has despojado? Y volverás a hablarle, diciendo: Así ha dicho Jehová: En el mismo lugar donde lamieron los perros la sangre de Nabot, los perros lamerán también tu sangre, tu misma sangre.

—1 Reyes 21:19

Otra ilustración de cómo los profetas tratan con la injustica la encontramos en la Biblia, cuando David tomó a Bestabé, la esposa de Urías, y mandó a matar a Urías. Natán vino a David y denunció la injusticia. David tenía muchos rebaños y ganado pero le quitó a Urías la única oveja que tenía. Este es otro ejemplo de los fuertes aprovechándose de los débiles. Fue una grave injusticia.

Jehová envió a Natán a David; y viniendo a él, le dijo: Había dos hombres en una ciudad, el uno rico, y el otro pobre. El rico tenía numerosas ovejas y vacas; pero el pobre no tenía más que una sola corderita, que él había comprado y criado, y que había crecido con él y con sus hijos juntamente, comiendo de su bocado y bebiendo de su vaso, y durmiendo en su seno; y la tenía como a una hija. Y vino uno de camino al hombre rico; y éste no quiso tomar de sus ovejas y de sus vacas, para guisar para el caminante que había venido a él, sino que tomó la oveja de aquel hombre pobre, y la preparó para aquel que había venido a él. Entonces se encendió el furor de David en gran manera contra aquel hombre, y dijo a Natán: Vive Jehová, que el que tal hizo es digno de muerte. Y debe pagar la cordera con cuatro tantos, porque hizo tal cosa, y no tuvo misericordia. Entonces dijo Natán a David: Tú eres aquel hombre. Así ha dicho Jehová, Dios de Israel: Yo te ungí por rey sobre Israel, y te libré de la mano de Saúl, y te di la casa de tu señor, y las mujeres de tu señor en tu seno; además te di la casa de Israel y de Judá; y si esto fuera poco, te habría añadido mucho más. ¿Por qué, pues, tuviste en poco la palabra de Jehová, haciendo lo malo delante de sus ojos? A Urías heteo heriste a espada, y tomaste por mujer a su mujer, y a él lo mataste con la espada de los hijos de Amón. Por lo cual ahora no se apartará jamás de tu casa la espada, por cuanto me menospreciaste, y tomaste la mujer de Urías heteo para que fuese tu mujer.
—2 Samuel 12:1–10

Los profetas no pasan por alto la injusticia y la opresión.

Una voz profética no…guardará silencio ante la intolerancia o el prejuicio o el falso orgullo, y no comprometerá la fidelidad por fines prácticos, independientemente de cuán nobles puedan ser dichos fines en sí mismo. Una verdadera voz profética barrerá con todos los atavíos de la religión y sencillamente preguntará: "¿Qué requiere Dios?", y con sencillez responderá: "hacer justicia, amar misericordia y humillarse ante Dios". O sencillamente, "amar a Dios y amar a los demás". Una voz profética es aquella que no se conformará con nada que no sea santidad en el corazón y la vida como resultado de una obediencia fiel a la voz de Dios. En un sentido real, una voz profética incluso hoy es la voz de Dios.[1]

—DENNIS BRATCHER

Los profetas adoptarán una postura firme.

Los profetas se levantarán contra los que hacen iniquidad cuando nadie más lo haga. Los profetas responderán al llamado y se levantarán contra los malignos.

¿Quién se levantará por mí contra los malignos? ¿Quién estará por mí contra los que hacen iniquidad?

—SALMO 94:16

Los profetas son diferentes.

Los profetas no son normales. Los profetas son diferentes. Fueron diseñados de manera diferente. No piensan como los demás. Ven las cosas de manera diferente. No les gusta que la gente diga: "Las cosas son así" o "siempre lo hemos hecho de esta manera". Ellos ven lo que otros no ven. No se conforman con el statu quo. Ven la agenda de Dios para cambio y desarrollo. Desean nuevos movimientos y cosas nuevas. A menudo tienen un descontento santo. Los profetas son agentes de cambio.

Si ese es tu caso, no estás solo. Los profetas son iguales en todas partes, en toda nación. Hay muchos como tú. Tú no estás loco ni solo.

Y yo haré que queden en Israel siete mil, cuyas rodillas no se doblaron ante Baal, y cuyas bocas no lo besaron.

—1 REYES 19:18

Los profetas van contra la corriente.

A los profetas los motivan valores diferentes de los de la persona común y corriente.

A los profetas los motiva el amor.

Aman a Dios, a su pueblo (la iglesia) y al mundo. Se pronunciarán contra cualquier cosa que venga a matar, robar y destruir. Este amor los vuelve protectores, defensores, liberadores e intercesores.

El mensaje clave de un profeta

El amor a Dios y el amor de unos por los otros...

Los profetas tratarán con cualquier cosa que nos impida amar a Dios y amarnos los unos a los otros.

> Jesús le dijo: Amarás al Señor tu Dios con todo tu corazón, y con toda tu alma, y con toda tu mente. Este es el primero y grande mandamiento. Y el segundo es semejante: Amarás a tu prójimo como a ti mismo.
>
> —MATEO 22:37–39

Los profetas extienden misericordia.

A veces a los profetas solo se les muestra duros y malos, pero los profetas son misericordiosos. Los profetas no hacen concesiones pero en sus mensajes hay espacio para la misericordia y la redención. Los profetas representan el corazón de Dios y Dios es misericordioso.

> Por la misericordia de Jehová no hemos sido consumidos, porque nunca decayeron sus misericordias.
>
> —LAMENTACIONES 3:22

> Ve y clama estas palabras hacia el norte, y di: Vuélvete, oh rebelde Israel, dice Jehová; no haré caer mi ira sobre ti, porque misericordioso soy yo, dice Jehová, no guardaré para siempre el enojo.
>
> —JEREMÍAS 3:12

> Con un poco de ira escondí mi rostro de ti por un momento; pero con misericordia eterna tendré compasión de ti, dijo Jehová tu Redentor.
>
> —ISAÍAS 54:8

Los profetas ven el potencial en las cosas pequeñas.

Los profetas pueden ver el comienzo y adónde van las cosas. Pueden ver potencial cuando otros solo ven pequeñez.

> Porque los que menospreciaron el día de las pequeñeces se alegrarán, y verán la plomada en la mano de Zorobabel. Estos siete son los ojos de Jehová, que recorren toda la tierra.
>
> —ZACARÍAS 4:10

Los profetas son videntes.

Ellos ven lo que para la mayoría está oculto. Disciernen cuando las cosas no están bien y están descompuestas. A menudo se preguntan por qué los demás no lo ven. A menudo piensan: "¿será que estoy loco?", "¿De verdad estoy viendo esto?". Los profetas detestan la ceguera espiritual. Sufren cuando los líderes y los creyentes no pueden ver lo que para ellos es tan obvio. Algunas personas ven lo que quieren ver y otras no ven lo que no quieren ver; pero el profeta ve lo que no puede evitar ver.

Anímense, profetas. Muchos están viendo lo mismo que ustedes ven. Muchos están orando por las mismas cosas. Ustedes no están locos, y no están solos.

Los profetas ven las cosas desde una perspectiva celestial.

Los profetas nos dicen: "Sube aquí".

> Después de esto miré, y he aquí una puerta abierta en el cielo; y la primera voz que oí, como de trompeta, hablando conmigo, dijo: Sube acá, y yo te mostraré las cosas que sucederán después de estas.
>
> —Apocalipsis 4:1

Los profetas tienen acceso a los pensamientos de Dios.

Los profetas saben lo que Dios está pensando, y hablan lo que Dios está pensando. Los pensamientos de Dios no son los pensamientos del hombre. Los profetas piensan de manera diferente. A los profetas no los limita la manera en que piensan los hombres.

> Porque mis pensamientos no son vuestros pensamientos, ni vuestros caminos mis caminos, dijo Jehová. Como son más altos los cielos que la tierra, así son mis caminos más altos que vuestros caminos, y mis pensamientos más que vuestros pensamientos…
>
> —Isaías 55:8–9

Los profetas conocen los caminos de Dios.

Israel conocía las obras de Dios, pero Moisés conocía sus caminos: "Sus caminos notificó a Moisés, y a los hijos de Israel sus obras" (Salmo 103:7). No basta con conocer las obras de Dios, también debemos conocer sus caminos.

Los profetas esperan en el Señor

Ellos tienen una expectativa de lo que el Señor hará. Esperan que Él actúe. Esperan que Él juzgue. Esperan que Él se revele a sí mismo. Esperan que Él cumpla su palabra.

> Mi alma espera a Jehová
> Más que los centinelas a la mañana,
> Más que los vigilantes a la mañana.

—SALMO 130:6

> Esperaré, pues, a Jehová, el cual escondió su rostro de la casa de Jacob, y en él confiaré.

—ISAÍAS 8:17

Los profetas hacen las preguntas difíciles

Ellos quieren saber por qué. Anhelan entendimiento y comprensión cuando la vida parece confusa. No se conforman con el dicho religioso: "Uno nunca puede conocer realmente la mente de Dios". El profeta es amigo de Dios. Quieren comprender las preguntas desconcertantes y los desafíos en su generación y en su sociedad.

> Sobre mi guarda estaré, y sobre la fortaleza afirmaré el pie, y velaré para ver lo que se me dirá, y qué he de responder tocante a mi queja. Y Jehová me respondió, y dijo: Escribe la visión, y declárala en tablas, para que corra el que leyere en ella. Aunque la visión tardará aún por un tiempo, mas se apresura hacia el fin, y no mentirá; aunque tardare, espéralo, porque sin duda vendrá, no tardará.

—HABACUC 2:1–3

Los profetas preguntan: "¿quién os fascinó?"

> ...¿quién os fascinó para no obedecer a la verdad, a vosotros ante cuyos ojos Jesucristo fue ya presentado claramente entre vosotros como crucificado?

—GÁLATAS 3:1

Los maestros legalistas habían dejado fascinados a los gálatas. Otra versión dice: "¿Quién los ha hechizado?".

Los profetas se oponen a la sabiduría del mundo

La iglesia no puede operar con sabiduría mundana sino con sabiduría divina. La sabiduría de Dios es más alta que la del hombre cuya sabiduría es terrenal, sensual y diabólica.

Por tanto, he aquí que nuevamente excitaré yo la admiración de este pueblo con un prodigio grande y espantoso; porque perecerá la sabiduría de sus sabios, y se desvanecerá la inteligencia de sus entendidos...

—Isaías 29:14

¿Dónde está el sabio? ¿Dónde está el escriba? ¿Dónde está el disputador de este siglo? ¿No ha enloquecido Dios la sabiduría del mundo?

—1 Corintios 1:20

Los profetas arrancan lo que Dios no ha sembrado

Pero respondiendo él, dijo: Toda planta que no plantó mi Padre celestial, será desarraigada.

—Mateo 15:13

Dios usa a los profetas para liberar a otras personas a sus misiones y destinos

Ellos saben a quiénes Dios ha llamado y nombrado. Saben quiénes son llamados y quiénes no. Les encanta ver a la gente liberada hacia su propósito. Los profetas no son egoístas. Quieren ver a otros cumplir con sus propósitos.

Y le dijo Jehová: Ve, vuélvete por tu camino, por el desierto de Damasco; y llegarás, y ungirás a Hazael por rey de Siria...

—1 Reyes 19:15

Los profetas son como parteras

Las parteras ayudan en los alumbramientos. Los profetas nos ayudan para dar a luz los planes de Dios para nuestras vidas mediante la oración, la predicación, la enseñanza y la profecía.

Y por haber las parteras temido a Dios, él prosperó sus familias.

—Éxodo 1:21

Los profetas son inspirados.

Los mueve la inspiración. Una vez que se inspiran para hacer algo, es difícil detenerlo. Una vez que se mueven, cuidado. Pelearán contra cada obstáculo una vez que sepan que algo viene de Dios. No subestime el poder de la inspiración.

Los profetas conocen el poder de la inspiración.

La inspiración es el proceso de ser estimulado para hacer o sentir algo, sobre todo algo creativo. Los profetas son...

* Inspirados para hablar.
* Inspirados para orar.
* Inspirados para cantar.
* Inspirados para adorar.

A los profetas se les teme.

Herodes le tenía miedo a Juan. Dios usa los profetas para producir un temor santo. Hoy hay necesidad de ese temor santo. Que se levanten los profetas y traigan un temor santo a esta generación.

...porque Herodes temía a Juan, sabiendo que era varón justo y santo, y le guardaba a salvo; y oyéndole, se quedaba muy perplejo, pero le escuchaba de buena gana.
—MARCOS 6:20

Los profetas denuncian el pecado.

Dios siempre ha usado a los profetas para denunciar el pecado.

Clama a voz en cuello, no te detengas; alza tu voz como trompeta, y anuncia a mi pueblo su rebelión, y a la casa de Jacob su pecado.
—ISAÍAS 58:1

Si yo no hubiera venido, ni les hubiera hablado, no tendrían pecado; pero ahora no tienen excusa por su pecado.
—JUAN 15:22

Los profetas luchan contra la carnalidad.

La carnalidad siempre ha sido un problema con las iglesias. *Carnal* significa mundano. Los profetas se opondrán a esto. El resultado de la carnalidad es el sectarismo y la exaltación de los hombres. La carnalidad incluye la envidia, las peleas, la división...

De manera que yo, hermanos, no pude hablaros como a espirituales, sino como a carnales, como a niños en Cristo. Os di a beber leche, y no vianda; porque aún no erais capaces, ni sois capaces todavía, porque aún sois carnales; pues habiendo entre vosotros celos, contiendas y disensiones, ¿no sois carnales, y andáis como hombres?

—1 Corintios 3:1–3

Los profetas convocan al ayuno, la oración y la humildad.

A menudo los profetas convocan a la iglesia a humillarse. El arrepentimiento del orgullo, la desobediencia y la rebelión es necesario. El ayuno es una de las maneras bíblicas de humillar al alma. La humildad, el arrepentimiento y el ayuno son clave para salir adelante.

Proclamad ayuno, convocad a asamblea; congregad a los ancianos y a todos los moradores de la tierra en la casa de Jehová vuestro Dios, y clamad a Jehová.

—Joel 1:14

Por eso pues, ahora, dice Jehová, convertíos a mí con todo vuestro corazón, con ayuno y lloro y lamento...Tocad trompeta en Sion, proclamad ayuno, convocad asamblea.

—Joel 2:12, 15

Los profetas ofenden a las personas.

Las personas pueden ofenderse por los profetas. Los profetas pueden caerles mal a las personas. Algunas personas detestan la verdad. No les gusta lo que dicen los profetas. Jesús ofendió a las personas de su pueblo natal.

Jesús ofendió a los fariseos y a los líderes religiosos de su tiempo. Él no los halagó sino que habló la verdad.

Si no quieres ofender a nadie, no puedes ser profeta.

Y se escandalizaban de él. Pero Jesús les dijo: No hay profeta sin honra, sino en su propia tierra y en su casa.

—Mateo 13:57

Entonces acercándose sus discípulos, le dijeron: ¿Sabes que los
fariseos se ofendieron cuando oyeron esta palabra?

—Mateo 15:12

Los profetas dicen lo que algunas personas no quieren escuchar.

El rey de Israel respondió a Josafat: Aún hay un varón por el
cual podríamos consultar a Jehová, Micaías hijo de Imla; mas
yo le aborrezco, porque nunca me profetiza bien, sino solamente mal. Y Josafat dijo: No hable el rey así.

—1 Reyes 22:8

Los profetas dicen la verdad.

Israel fue a la cautividad a causa de malos profetas (profetas falsos
y vanos). Estos mal llamados profetas no le dijeron la verdad a Israel.
Jeremías se les enfrentó y le dijo la verdad a Israel. Profetas, digan la
verdad.

El yugo de mis rebeliones ha sido atado por su mano; ataduras
han sido echadas sobre mi cerviz; ha debilitado mis fuerzas;
me ha entregado el Señor en manos contra las cuales no podré
levantarme.

—Lamentaciones 1:14

Los profetas son fervientes.

Ferviente significa "tener o mostrar gran emoción o celo; ardiente;
muy caliente, resplandeciente". A veces a los profetas los califican de
"muy emotivos" o "demasiado celosos", pero es natural para el profeta ser ferviente.

Ferviente en oración, en amor, en predicación, en enseñanza y en
adoración, y a menudo se preguntan por qué todos no son fervientes.

Confesaos vuestras ofensas unos a otros, y orad unos por otros,
para que seáis sanados. La oración eficaz del justo puede mucho.

—Santiago 5:16

Os saluda Epafras, el cual es uno de vosotros, siervo de Cristo,
siempre rogando encarecidamente por vosotros en sus oraciones, para que estéis firmes, perfectos y completos en todo lo
que Dios quiere.

—Colosenses 4:12

Y ante todo, tened entre vosotros ferviente amor; porque el amor cubrirá multitud de pecados…

—1 Pedro 4:8

Los profetas tienen celo.

El celo es pasión. Jesús tenía celo por la casa de Dios. Este celo hizo que expulsara a los cambistas del templo. La casa de Dios es la iglesia. Los profetas tienen un celo (pasión) por la iglesia. El celo consumirá a los profetas. No pueden quedarse sentados y ver que la casa de Dios se destruye. Tienen que actuar.

Porque me consumió el celo de tu casa; y los denuestos de los que te vituperaban cayeron sobre mí.

—Salmo 69:9

Los profetas son radicales.

La palabra *radical* significa "que se separa de manera marcada de lo usual o acostumbrado; extremo o drástico".

Los profetas pueden volverse como pedernal.

Un profeta se volverá como de piedra cuando sabe que algo viene de Dios. Se enfrentará al mundo si tiene que hacerlo. Un pedernal es una piedra muy dura que simboliza algo firme, que no cambia. Los profetas defenderán su posición con la ayuda de Dios.

Porque Jehová el Señor me ayudará, por tanto no me avergoncé; por eso puse mi rostro como un pedernal, y sé que no seré avergonzado.

—Isaías 50:7

Los profetas necesitan entender cuando las cosas no tienen sentido.

Esto puede ser muy frustrante para un profeta. A un profeta le gusta entender las cosas. Quieren saber por qué.

A veces los profetas son muy duros consigo mismos.

Los profetas pueden ser duros consigo mismos por la naturaleza de su don. Por este motivo, a veces es difícil restaurar a un profeta cuando falla.

Los profetas son tan abiertos con respecto a sus propias fallas como quieren que los demás lo sean con las suyas.

A veces los profetas pueden ser muy duros consigo mismo debido a la manera en que ven las cosas. No seas demasiado duro contigo, profeta, si cometiste un error. En otros hay tanto espacio para la misericordia como lo hay en ti.

Los profetas tienden a ser intensos.

Los profetas no son calmados. Les resulta difícil entender a los creyentes que carecen de intensidad. *Intenso* significa que tiene o muestra sentimientos u opiniones fuertes; muy fervoroso o serio.

Los profetas son humanos.

Están sujetos a pasiones semejantes a las de otros, sin embargo, caminan en poder y autoridad por la gracia y el llamado de Dios. No permiten que sus pasiones les impidan hacer lo necesario. Aprenden a poner sus pasiones bajo el dominio de Dios y se someten a su voluntad. Ellos oran con más fuerza.

> Elías era hombre sujeto a pasiones semejantes a las nuestras, y oró fervientemente para que no lloviese, y no llovió sobre la tierra por tres años y seis meses.
>
> —SANTIAGO 5:17

Los profetas son tenaces en la oración.

Una vez que tienen una carga orarán por esta hasta el final, no importa cuánto tiempo tome. Se aferrarán a una tarea de oración por años si fuera necesario. Si quieres un ministerio de oración fuerte en tu iglesia, reúne a varios profetas.

Cuando los profetas tienen una carga, no la pueden soltar. Ellos llevan esa carga. Esa carga es su tarea de parte del Señor. A veces tratan de soltarla pero la carga no los dejará. Mejor trata con esa carga porque no se va a desaparecer. Una carga es un peso, algo que el profeta lleva. Puede ser un mensaje, un ministerio o una tarea.

> La carga que vio Habacuc profeta.   —HABACUC 1:1, RVA

A los profetas no les importan las interrupciones.

Les encanta cuando Dios interrumpe un servicio y hace algo nuevo. Los profetas se aburren de la rutina y la tradición. No les gusta quedarse atascados en un "orden del servicio". Les encantan los "de repente" de Dios.

> Y de repente vino del cielo un estruendo como de un viento recio que soplaba, el cual llenó toda la casa donde estaban sentados.
>
> —Hechos 2:2

Dios hace algunas cosas de repente. A veces lo que los profetas dicen demora, pero en otras ocasiones sucede "de repente".

Los profetas son sensibles al reino espiritual.

Los profetas son los más sensibles de los cincos aspectos del ministerio. Dios ha diseñado a los profetas para que tengan sensibilidad espiritual. Los profetas tienen que aprender a manejar esta sensibilidad acrecentada. Los profetas tienden a "captar" cosas sin proponérselo. Su sensibilidad está relacionada con ser sumamente intuitivos, estar muy alertas y ser súper observadores.

Los profetas se mueven en el espíritu.
Inmediatamente en el Espíritu…
Llevados por el Espíritu…
Oran en el Espíritu…
Cantan en el Espíritu…
Caminan en el Espíritu…
Danzan en el Espíritu…

> La mano de Jehová vino sobre mí, y me llevó en el Espíritu de Jehová, y me puso en medio de un valle que estaba lleno de huesos.
>
> —Ezequiel 37:1

> Yo estaba en el Espíritu en el día del Señor, y oí detrás de mí una gran voz como de trompeta.
>
> —Apocalipsis 1:10

> Y al instante yo estaba en el Espíritu; y he aquí, un trono establecido en el cielo, y en el trono, uno sentado.
>
> —Apocalipsis 4:2

Y me llevó en el Espíritu a un monte grande y alto, y me mostró la gran ciudad santa de Jerusalén, que descendía del cielo, de Dios.

—APOCALIPSIS 21:10

Los profetas son espontáneos.

La espontaneidad es el resultado de la inspiración. *Espontáneo* significa "que se hace u ocurre debido a un repentino impulso interior o inclinación" y "sin premeditación ni estímulo externo". A veces a las iglesias no les importa mucho la espontaneidad. Algunos quieren que todo esté planificado.

Los profetas esperan odres nuevos y vino nuevo.

Sucederá en aquel tiempo, que los montes destilarán mosto, y los collados fluirán leche, y por todos los arroyos de Judá correrán aguas; y saldrá una fuente de la casa de Jehová, y regará el valle de Sitim.

—JOEL 3:18

Mas el vino nuevo en odres nuevos se ha de echar; y lo uno y lo otro se conservan.

—LUCAS 5:38

Los profetas huelen la inmundicia.

¿Sabías que los profetas huelen? Pueden oler la inmundicia. Pueden oler el pecado. También pueden oler el dulce aroma de la oración y la adoración. Pueden oler el pan donde se predica la palabra. Pueden oler la fragancia del Señor cuando está presente en una iglesia.

No tengas miedo de oler, no estás loco.

Si todo el cuerpo fuese ojo, ¿dónde estaría el oído? Si todo fuese oído, ¿dónde estaría el olfato?

—1 CORINTIOS 12:17

Yo me levanté para abrir a mi amado,
Y mis manos gotearon mirra,
Y mis dedos mirra, que corría
Sobre la manecilla del cerrojo.

—CANTARES 5:5

Los profetas conocen a Jezabel.

Jezabel es una profetisa falsa. Elías conocía a Jezabel y Jezabel conocía a Elías. Los profetas detestan cuando se permite que Jezabel ande por la iglesia. Jezabel representa un espíritu de control, de manipulación, de seducción, de intimidación de prostitución...

> Pero tengo unas pocas cosas contra ti: que toleras que esa mujer Jezabel, que se dice profetisa, enseñe y seduzca a mis siervos a fornicar y a comer cosas sacrificadas a los ídolos.
>
> —Apocalipsis 2:20

> Cuando vio Joram a Jehú, dijo: ¿Hay paz, Jehú? Y él respondió: ¿Qué paz, con las fornicaciones de Jezabel tu madre, y sus muchas hechicerías?
>
> —2 Reyes 9:22

Los profetas claman contra las abominaciones.

Una abominación es aquello que resulta asqueroso y detestable. Esto es lo que Dios aborrece: el orgullo, la mentira, el asesinato, los pensamientos malvados, el mal, el testigo falso y la discordia.

> Seis cosas aborrece Jehová,
> Y aun siete abomina su alma:
> Los ojos altivos, la lengua mentirosa,
> Las manos derramadoras de sangre inocente,
> El corazón que maquina pensamientos inicuos,
> Los pies presurosos para correr al mal,
> El testigo falso que habla mentiras,
> Y el que siembra discordia entre hermanos.
>
> —Proverbios 6:16–19

> Porque los hijos de Judá han hecho lo malo ante mis ojos, dice Jehová; pusieron sus abominaciones en la casa sobre la cual fue invocado mi nombre, amancillándola.
>
> —Jeremías 7:30

Los profetas detectan cuando las cosas andan mal.

Disciernen cuando las situaciones están enmarcadas en desorden y confusión o cuando existen desajustes.

Por esta causa te dejé en Creta, para que corrigieses lo deficiente,
y establecieses ancianos en cada ciudad, así como yo te mandé.

—TITO 1:5

Porque aunque estoy ausente en cuerpo, no obstante en espíritu
estoy con vosotros, gozándome y mirando vuestro buen orden
y la firmeza de vuestra fe en Cristo.

—COLOSENSES 2:5

De manera que, teniendo diferentes dones, según la gracia que
nos es dada, si el de profecía, úsese conforme a la medida de
la fe.

—ROMANOS 12:6

A los profetas no los impresionan los edificios.

A los profetas no les impresiona el adorno religioso. Entienden que
Dios no mora en templos hechos de manos humanas. Buscan el templo
verdadero, que es el pueblo de Dios lleno del Espíritu Santo.

Si bien el Altísimo no habita en templos hechos de mano, como
dice el profeta.

—HECHOS 7:48

Y a unos que hablaban de que el templo estaba adornado de
hermosas piedras y ofrendas votivas, dijo: En cuanto a estas
cosas que veis, días vendrán en que no quedará piedra sobre
piedra, que no sea destruida.

—LUCAS 21:5-6

Los profetas son contagiosos.

Reúnen con profetas y empezarás a ser profético. El espíritu del profeta es fuerte e influye sobre otros. Dios ha llamado a los profetas a ser
contagiosos. No puedes guardarte esto solo para ti. Eres una influencia. Puedes impartir.

Después de esto llegarás al collado de Dios donde está la guar-
nición de los filisteos; y cuando entres allá en la ciudad encontrarás una compañía de profetas que descienden del lugar
alto, y delante de ellos salterio, pandero, flauta y arpa, y ellos

profetizando. Entonces el Espíritu de Jehová vendrá sobre ti con poder, y profetizarás con ellos, y serás mudado en otro hombre. Y cuando te hayan sucedido estas señales, haz lo que te viniere a la mano, porque Dios está contigo.

—1 Samuel 10:5-7

Los profetas deben querer que todo el mundo escuche y hable por Dios. Los profetas no deben querer que lo profético sea un club para unos pocos "ungidos". Los profetas quieren que los líderes sean proféticos y que las personas sean proféticas. A los profetas les encanta cuando las personas escuchan hablan y obedecen la palabra del Señor. Los profetas no sienten celos cuando Dios usa a otras personas.

A veces cuando uno le pregunta a un profeta: "¿Qué está diciendo Dios?", este responderá: "¿Qué está Dios diciéndote Dios a ti?".

Y Moisés le respondió: ¿Tienes tú celos por mí? Ojalá todo el pueblo de Jehová fuese profeta, y que Jehová pusiera su espíritu sobre ellos.

—Números 11:29

A los profetas les preocupa la agenda de Dios, sus propósitos y sus planes.

Esta es la prioridad del profeta y no la agenda del hombre. El profeta sabe que solos los planes y propósitos de Dios permanecerán, y todo lo demás será una pérdida de tiempo. A los profetas no les gusta perder tiempo en cosas que Dios no ha ordenado.

Muchos pensamientos hay en el corazón del hombre;
Mas el consejo de Jehová permanecerá.

—Proverbios 19:21

Jesús les dijo: Mi comida es que haga la voluntad del que me envió, y que acabe su obra.

—Juan 4:34

Jehová de los ejércitos juró diciendo: Ciertamente se hará de la manera que lo he pensado, y será confirmado como lo he determinado.

—Isaías 14:24

Los profetas buscan un sonido.

Los sonidos son importantes para los profetas. Los oídos de los profetas están abiertos a los sonidos del cielo. Ciertos sonidos conmueven a los profetas. La música ungida conmueve a los profetas. El sonido equivocado es una señal de que algo anda mal. Algunas iglesias y ministerios tienen un sonido antiguo.

> Entonces Elías dijo a Acab: Sube, come y bebe; porque una lluvia grande se oye.
>
> —1 REYES 18:41

> Oíd atentamente el estrépito de su voz, y el sonido que sale de su boca.
>
> —JOB 37:2

> Las nubes echaron inundaciones de aguas;
> Tronaron los cielos,
> Y discurrieron tus rayos.
>
> —SALMO 77:17

Estos son algunos de los sonidos que conmueven a los profetas:

- Sonido de la trompeta
- Sonido de muchas aguas
- Sonido de lluvia
- Sonido de la alarma
- Sonido del viento
- Sonido de batalla
- Sonido de gritos
- Sonido de alabanza
- Sonido de música
- Sonido de predicación
- Sonido de canto

Los profetas son de gran ayuda.

Ayudan a construir. Ayudan a los líderes. Ayudan a las iglesias. Ayudan en oración. Ayuda en la adoración. Nos ayudan en la transición. Nos ayudan a pasar a lo nuevo. Ayudar es la naturaleza de un profeta y tienen el deseo de ayudar. Los profetas ofrecen ayuda sobrenatural. Si necesitas ayuda, busca un profeta.

Entonces se levantaron Zorobabel hijo de Salatiel y Jesúa hijo de Josadac, y comenzaron a reedificar la casa de Dios que estaba en Jerusalén; y con ellos los profetas de Dios que les ayudaban.

—Esdras 5:2

Los profetas hacen frente en las crisis.

Cuando otros huyen de las crisis, los profetas hacen frente. Están hechos y diseñados para dar soluciones y orden cuando hay crisis y caos.

Los profetas liberan valentía.

La valentía es importante, sobre todo para los líderes. Asa cobró valor luego de escuchar la palabra de Obed el profeta. Entonces continuó quitando los ídolos de la tierra. Los profetas animarán a los líderes a hacer lo que Dios quiere.

Cuando oyó Asa las palabras y la profecía del profeta Azarías hijo de Obed, cobró ánimo, y quitó los ídolos abominables de toda la tierra de Judá y de Benjamín, y de las ciudades que él había tomado en la parte montañosa de Efraín; y reparó el altar de Jehová que estaba delante del pórtico de Jehová.

—2 Crónicas 15:8

Los profetas hablan paz.

Shalom es la palabra hebrea para paz, sanidad, integridad y prosperidad.

Escucharé lo que hablará Jehová Dios;
Porque hablará paz a su pueblo y a sus santos,
Para que no se vuelvan a la locura.

—Salmo 85:8

Los profetas hablan a los dioses.

Los dioses son los jueces, los poderosos y los gobernantes. Dios está en la reunión de los dioses (los gobernantes, los poderosos, los hijos y las hijas de Dios). Nosotros somos los dioses, y Dios está en medio nuestro. Nosotros emitimos veredictos y sentencias. Levántense santos; ustedes son los dioses.

Dios está en la reunión de los dioses; en medio de los dioses juzga.

—Salmo 82:1

Yo dije: Vosotros sois dioses, y todos vosotros hijos del Altísimo.

—Salmo 82:6

Jesús les respondió: ¿No está escrito en vuestra ley: Yo dije, dioses sois? Si llamó dioses a aquellos a quienes vino la palabra de Dios (y la Escritura no puede ser quebrantada)...

—Juan 10:34–35

Los profetas se enfocan en el corazón.

A ellos les preocupa el corazón (los motivos). Las cosas externas no los impresionan. Detestan cuando las personas honran a Dios con sus labios, pero sus corazones están lejos de Él. Los profetas buscan pureza de corazón. Los profetas disciernen el corazón. Dios mira al corazón.

Dice, pues, el Señor: Porque este pueblo se acerca a mí con su boca, y con sus labios me honra, pero su corazón está lejos de mí, y su temor de mí no es más que un mandamiento de hombres que les ha sido enseñado.

—Isaías 29:13

Y Jehová respondió a Samuel: No mires a su parecer, ni a lo grande de su estatura, porque yo lo desecho; porque Jehová no mira lo que mira el hombre; pues el hombre mira lo que está delante de sus ojos, pero Jehová mira el corazón.

—1 Samuel 16:7

Los profetas son compasivos.

Aunque los profetas pueden ser duros y fuertes, también son compasivos. David fue compasivo cuando Natán lo desafió.

Compasivo significa que muestra gentileza y preocupación o simpatía. Los sinónimos incluyen solidario, amable, bondadoso, generoso, tierno, sensible, cálido, afable, solícito, paternal, maternal, noble, apacible, benevolente, generoso, dadivoso y humano.

Y tu corazón se conmovió, y te humillaste delante de Dios al oír sus palabras sobre este lugar y sobre sus moradores, y te humillaste delante de mí, y rasgaste tus vestidos y lloraste en mi presencia, yo también te he oído, dice Jehová.

—2 Crónicas 34:27

Los profetas son los representantes de Dios.

Tienen pasión por ver a Dios representado de manera correcta. A los profetas no les gusta cuando Dios no es bien representado. Son fuertes defensores de la verdad y de la verdad de Dios. ¡No representes mal al Señor!

Los profetas tienen un celo santo.

El celo, en este caso, solo muestra que te interese algo de manera apasionada y no quieres verlo destruido. Los profetas son protectores. Protegen al pueblo de Dios y la verdad de Dios. Protegen el honor de Dios. Los profetas lucharán contra cualquier cosa que venga a matar, robar y destruir. No se quedarán parados para ver al enemigo entrar. Levantarán sus voces y harán lo que sea necesario.

> El respondió: He sentido un vivo celo por Jehová Dios de los ejércitos; porque los hijos de Israel han dejado tu pacto, han derribado tus altares, y han matado a espada a tus profetas; y sólo yo he quedado, y me buscan para quitarme la vida.
>
> —1 REYES 19:10

El nombre de Dios es celoso (Éxodo 34:14).

Los profetas son fieles (leales).

La fidelidad y la lealtad a Dios son importantes para los profetas. Ellos llaman a los reincidentes. Ellos desafían a la iglesia cuando hay infidelidad y deslealtad a Dios y su verdad. Los profetas predican compromiso. Ellos desafían cualquier cosa y a cualquiera que aleje a la Iglesia de Dios. Hacen énfasis en una lealtad y devoción a Dios de todo corazón a pesar de los tiempos cambiantes y de lo que el mundo enseña.

A menudo se considera que los profetas son demasiado estrictos.

A algunos los consideran demasiado dogmáticos. A menudo los profetas se preguntan a sí mismos: "¿Estaré siendo demasiado estricto?", "¿Estaré siendo demasiado dogmático?". Para los profetas es cuestión de obediencia o desobediencia. Ellos tienen un estándar, y ese estándar es la obediencia.

Los profetas conocen las bendiciones de la obediencia, y el problema con la desobediencia. Las personas rebeldes y desobedientes se las ven mal con los profetas.

Aunque los profetas a veces parecen estrictos, también son misericordiosos. Tienen el corazón de Dios que es ambas cosas, santidad y misericordia.

Si quisiereis y oyereis, comeréis el bien de la tierra; si no quisiereis y fuereis rebeldes, seréis consumidos a espada; porque la boca de Jehová lo ha dicho.

—Isaías 1:19–20

Los profetas quieren que experimentemos la bendición de la obediencia.

Los profetas no son malos ni mezquinos. Lo que los profetas realmente desean es que seamos bendecidos y prosperados mediante la obediencia. Los profetas saben que si estamos dispuestos y somos obedientes, comeremos el bien de la tierra. Los profetas quieren lo mejor para la iglesia y el pueblo de Dios. Los profetas desean que estemos por encima y no por debajo, que seamos cabeza y no cola, que las bendiciones fluyan, que prestemos y no tomemos prestado, que seamos saludables, completos, gozosos y solventes.

Si quisiereis y oyereis, comeréis el bien de la tierra.

—Isaías 1:19

Los profetas tienen un alto estándar de santidad.

Esto puede causar problemas en las relaciones con personas que no tienen estándares altos. Algunas personas consideran que los profetas tienen estándares demasiado altos. Algunos los consideran demasiado estrictos y críticos.

Seguid la paz con todos, y la santidad, sin la cual nadie verá al Señor.

—Hebreos 12:14

Los profetas se levantan y llevan el estandarte.

Un estandarte es una bandera, una señal, una insignia. Los estandartes atraen, reúnen y convocan a las personas por una causa. Los estandartes pueden verse desde lejos. Necesitamos personas que lleven un estandarte. Los portadores de estandartes son aquellos que reúnen y convocan a las personas por una causa piadosa. Los profetas portan los estandartes.

Ya no vemos ondear nuestras banderas; ya no hay ningún profeta, y ni siquiera sabemos hasta cuándo durará todo esto.

—SALMO 74:9, NVI

Nosotros nos alegraremos en tu salvación,
Y alzaremos pendón en el nombre de nuestro Dios;
Conceda Jehová todas tus peticiones.

—SALMO 20:5

Has dado a los que te temen bandera
Que alcen por causa de la verdad. Selah.

—SALMO 60:4

Pasad, pasad por las puertas; barred el camino al pueblo; allanad, allanad la calzada, quitad las piedras, alzad pendón a los pueblos.

—ISAÍAS 62:10

Los profetas quieren que las cosas se hagan a la manera de Dios.
Dios da modelos y diseños a los profetas.

Mira y hazlos conforme al modelo que te ha sido mostrado en el monte.

—ÉXODO 25:40

Los profetas son ejemplos.
Los profetas deben ser ejemplos para los demás: "Hermanos míos, tomad como ejemplo de aflicción y de paciencia a los profetas que hablaron en nombre del Señor" (Santiago 5:10).

Los profetas son ejemplos de cómo soportar el sufrimiento y ejercer paciencia, perseverancia y determinación.

Los profetas son igualadores.
Juan vino para rellenar los valles y bajar los montes. Los profetas ayudan a derrocar a los orgullosos y levantar a los humildes. Esto es igualación. Esto es nivelar: igualar, demoler, allanar, escalonar, derrumbar…

Todo valle se rellenará, y se bajará todo monte y collado;
Los caminos torcidos serán enderezados, y los caminos ásperos allanados.

—LUCAS 3:5

Los profetas entienden la severidad de Dios.

Mira, pues, la bondad y la severidad de Dios; la severidad ciertamente para con los que cayeron, pero la bondad para contigo, si permaneces en esa bondad; pues de otra manera tú también serás cortado.

—ROMANOS 11:22

La severidad es la justicia estricta de Dios. Los profetas entienden la severidad de Dios hacia aquellos que tienen corazones duros e impenitentes. Hoy día no escuchamos mucho sobre severidad. *Severo* significa "estricto en disciplina y juicio". Dios es misericordioso pero en ocasiones también es severo.

Los profetas deben tener equilibrio entre la misericordia de Dios y su severidad.

Los profetas están despiertos.

Están despiertos a las cosas del Espíritu y no pueden soportar cuando las iglesias se quedan dormidas. Están despiertos a lo que Dios está haciendo. Cuando otros duermen, el profeta está despierto. Los profetas se preguntan por qué otros duermen. Los profetas no pueden dormir como los demás. Dios no los deja dormir. Ellos no pueden dormitar. Los profetas claman: "¡Despierten!".

Por lo cual dice: Despiértate, tú que duermes, y levántate de los muertos, y te alumbrará Cristo.

—EFESIOS 5:14

Despierta, despierta, vístete de poder, oh Sion; vístete tu ropa hermosa, oh Jerusalén, ciudad santa; porque nunca más vendrá a ti incircunciso ni inmundo.

—ISAÍAS 52:1

A los profetas les preocupa la gloria de Dios.

La gloria de Dios es importante para los profetas. Ellos quieren que Dios sea glorificado en todas las cosas y se opondrán a cualquier cosa y a cualquier que intente quitarle su gloria. La gloria de Dios es su honor, su poder, su fama, su santidad, su majestad y autoridad. Los profetas son promotores y defensores de la gloria de Dios. Ellos quitarán cualquier cosa que se exalte a sí misma y trate de quitarle la gloria a Dios.

Si alguno habla, hable conforme a las palabras de Dios; si alguno ministra, ministre conforme al poder que Dios da, para que en todo sea Dios glorificado por Jesucristo, a quien pertenecen la gloria y el imperio por los siglos de los siglos. Amén.

—1 Pedro 4:11

Los profetas tienen un discernimiento (o radar) muy agudo.

Este es un punto fuerte en los profetas. Ellos disciernen. A veces esto es difícil de manejar porque ellos son sensibles al reino espiritual.

Discernimiento en el idioma griego significa consideración judicial, discernir, controversia. Viene de una palabra que significa separar por completo, sacar, oponerse, discriminar, decidir, vacilar, contender, hacer diferir, dudar, juzgar, ser parcial, titubear y fluctuar…

Cuando el que discierne es confrontado con algo que parece bueno por fuera pero no lo es, se vuelve una piedra de tropiezo para su espíritu. Su carne ve las señales buenas pero su espíritu disputa, se opone, duda, contiende, difiere, duda, titubea y difiere con la apariencia externa. El discernimiento es una guerra externa mientras uno se aferra a alinearse con lo que percibe, con quién es Dios y con lo que se ofrece.[2]

Pero el alimento sólido es para los que han alcanzado madurez, para los que por el uso tienen los sentidos ejercitados en el discernimiento del bien y del mal.

—Hebreos 5:14

Los profetas saben cuándo llegó el momento de moverse en una nueva dirección.

Los profetas detestan dar vueltas en círculos. Saben cuándo llegó el momento de dejar de dar vueltas al monte.

Bastante habéis rodeado este monte; volveos al norte.

—Deuteronomio 2:3

Los profetas ven la medida.

Ezequiel vio la medida de la vara de la casa del Señor. También vio la medida del río (profundidad de las aguas: a la altura del tobillo, de la rodilla, del hombro). *Medir* significa "determinar las dimensiones, cantidad o capacidad de". Los profetas pueden ver la profundidad de la santidad, la oración, la adoración, la revelación, el amor, el alcance y cosas semejantes. Medir nos ayuda a saber cómo estamos y en qué aspectos necesitamos crecer.

> Y me habló aquel varón, diciendo: Hijo de hombre, mira con tus ojos, y oye con tus oídos, y pon tu corazón a todas las cosas que te muestro; porque para que yo te las mostrase has sido traído aquí. Cuenta todo lo que ves a la casa de Israel. Y he aquí un muro fuera de la casa; y la caña de medir que aquel varón tenía en la mano era de seis codos de a codo y palmo menor; y midió el espesor del muro, de una caña, y la altura, de otra caña.
>
> —Ezequiel 40:4–5

> Midió otros mil, y me hizo pasar por las aguas hasta las rodillas. Midió luego otros mil, y me hizo pasar por las aguas hasta los lomos. Midió otros mil, y era ya un río que yo no podía pasar, porque las aguas habían crecido de manera que el río no se podía pasar sino a nado.
>
> —Ezequiel 47:4–5

Los profetas son buenos evangelistas.

Todo el mundo debiera evangelizar, incluyendo a los profetas. Los profetas son buenos evangelizando porque tienen discernimiento y sensibilidad ante las condiciones de las personas, incluyendo los perdidos. Los profetas traen convicción cuando ministran y la convicción es parte del evangelismo exitoso.

Las iglesias proféticas también tendrán muchas salvaciones debido a una fuerte presencia de Dios y el poder del Espíritu Santo que convence de pecado. Los profetas también llevarán la carga del Señor por los perdidos.

> Pero si todos profetizan, y entra algún incrédulo o indocto, por todos es convencido, por todos es juzgado.
>
> —1 Corintios 14:24

A veces los incrédulos responden mejor a los profetas que los creyentes. Alguien acaba de señalarme esto. La ciudad de Nínive se arrepintió con la predicación de Jonás. Jesús dijo que Sodoma se hubiera arrepentido de sus obras. Elías fue enviado a una viuda gentil. Eliseo sanó a un leproso gentil.

Y añadió: De cierto os digo, que ningún profeta es acepto en su propia tierra. Y en verdad os digo que muchas viudas había en Israel en los días de Elías, cuando el cielo fue cerrado por tres años y seis meses, y hubo una gran hambre en toda la tierra; pero a ninguna de ellas fue enviado Elías, sino a una mujer viuda en Sarepta de Sidón.

—Lucas 4:24–26

Y tú, Capernaum, que eres levantada hasta el cielo, hasta el Hades serás abatida; porque si en Sodoma se hubieran hecho los milagros que han sido hechos en ti, habría permanecido hasta el día de hoy.

—Mateo 11:23

Los profetas son buenos ministerios de liberación.

Por lo general los profetas operan con los dones de discernimiento de espíritus y la palabra de conocimiento, que son invaluables cuando se ministra liberación. Los profetas pueden "dar en el clavo" cuando se trata de demonios y de expulsarlos. Su perspectiva espiritual y su sensibilidad ayudan mucho cuando se ministra liberación.

También he visto a muchas personas liberadas por medio de la palabra profética.

Envió su palabra, y los sanó,
Y los libró de su ruina.

—Salmo 107:20

Los profetas están a la vanguardia.

Por lo general los profetas son los primeros en aceptar el cambio y lo nuevo que Dios hace. Entienden y aceptan los movimientos nuevos de Dios. Si quieres ser una parte de la gente de vanguardia del Espíritu, entonces reúnete con profetas. Los profetas detestan el estancamiento y el vino viejo. A los profetas les encanta el vino nuevo y los odres nuevos. Los profetas destilan frescura.

Los profetas temen al Señor.

Los profetas entienden y promueven el temor al Señor. Se levantan cuando las personas pierden el temor al Señor. Los profetas promueven la reverencia a Dios y las cosas del Espíritu. Para un profeta no puede haber éxito verdadero y bendición sin el temor del Señor.

A Jehová de los ejércitos, a él santificad; sea él vuestro temor, y él sea vuestro miedo.

—Isaías 8:13

Los profetas traen la reverencia a Dios (temblor).

Muchos han perdido la reverencia a Dios. ¿Qué ha pasado con el temblor? Los profetas se levantan cuando la reverencia se pierde.

Servid a Jehová con temor,
Y alegraos con temblor.

—Salmo 2:11

¿A mí no me temeréis? dice Jehová. ¿No os amedrentaréis ante mí, que puse arena por término al mar, por ordenación eterna la cual no quebrantará? Se levantarán tempestades, mas no prevalecerán; bramarán sus ondas, mas no lo pasarán.

—Jeremías 5:22

Por tanto, amados míos, como siempre habéis obedecido, no como en mi presencia solamente, sino mucho más ahora en mi ausencia, ocupaos en vuestra salvación con temor y temblor.

—Filipenses 2:12

Los profetas denuncian la idolatría.

Idolatría es más que adorar imágenes. Idolatría es cualquier cosa que reemplace a Dios. La adoración y exaltación de los hombres, ministerios, poder, posesiones, grupos y fama no es otra cosa que idolatría. A la codicia se le llama idolatría. Los profetas son fuertes oponentes de los ídolos. Los profetas se levantan contra la idolatría que se cuela en la iglesia.

No tendrás dioses ajenos delante de mí.

—Éxodo 20:3

Hijitos, guardaos de los ídolos. Amén.

—1 Juan 5:21

Haced morir, pues, lo terrenal en vosotros: fornicación, impureza, pasiones desordenadas, malos deseos y avaricia, que es idolatría.

—Colosenses 3:5

Los profetas denuncian a los reprobados (rechazo continuo de Dios).

Un reprobado es una persona sin principios morales; sin vergüenza; una persona depravada o malvada; rechazada por Dios y sin esperanza de salvación. El rechazo continuo de Dios y de su Espíritu es algo peligroso y malvado. (Ver Hechos 7:51.)

Y como ellos no aprobaron tener en cuenta a Dios, Dios los entregó a una mente reprobada, para hacer cosas que no convienen.

—Romanos 1:28

Examinaos a vosotros mismos si estáis en la fe; probaos a vosotros mismos. ¿O no os conocéis a vosotros mismos, que Jesucristo está en vosotros, a menos que estéis reprobados?

—2 Corintios 13:5

Y de la manera que Janes y Jambres resistieron a Moisés, así también éstos resisten a la verdad; hombres corruptos de entendimiento, réprobos en cuanto a la fe.

—2 Timoteo 3:8

Profesan conocer a Dios, pero con los hechos lo niegan, siendo abominables y rebeldes, reprobados en cuanto a toda buena obra.

—Tito 1:16

Los profetas denuncian a las zorras (astucia).

Una zorra es una persona astuta, furtiva o sagaz. Esta astucia también puede personificarse en ratas, una persona engañosa o traidora.

Cazadnos las zorras, las zorras pequeñas, que echan a perder las viñas; porque nuestras viñas están en cierne.

—Cantares 2:15

Como zorras en los desiertos fueron tus profetas, oh Israel.

—Ezequiel 13:4

Y les dijo: Id, y decid a aquella zorra: He aquí, echo fuera demonios y hago curaciones hoy y mañana, y al tercer día termino mi obra.

—Lucas 13:32

Mas él, comprendiendo la astucia de ellos, les dijo: ¿Por qué
me tentáis?

—Lucas 20:23

Los profetas denuncian a los seductores y los espíritus seductores.

Seducir significa "atraer o llevar (a alguien) lejos de una conducta
o pensamiento adecuado; inducir (a alguien) a involucrarse en actividad sexual mediante el coqueteo o la persuasión; atraer a un estado o
posición diferente".

Pero el Espíritu dice claramente que en los postreros tiempos
algunos apostatarán de la fe, escuchando a espíritus engañadores y a doctrinas de demonios.

—1 Timoteo 4:1

Mas los malos hombres y los engañadores irán de mal en peor,
engañando y siendo engañados.

—2 Timoteo 3:13

Os he escrito esto sobre los que os engañan.

—1 Juan 2:26

Pero tengo unas pocas cosas contra ti: que toleras que esa mujer
Jezabel, que se dice profetisa, enseñe y seduzca a mis siervos a
fornicar y a comer cosas sacrificadas a los ídolos...

—Apocalipsis 2:20

Los profetas denuncian el espíritu de mamón.

Mamón es la avaricia, la codicia y el amor al dinero. Jesús lo denunció entre los líderes de Israel. No se puede servir a Dios y a mamón.
Mamón controla a los falsos profetas. Los verdaderos profetas denuncian a mamón.

Ninguno puede servir a dos señores; porque o aborrecerá al
uno y amará al otro, o estimará al uno y menospreciará al otro.
No podéis servir a Dios y a las riquezas.

—Mateo 6:24

Porque raíz de todos los males es el amor al dinero, el cual codiciando algunos, se extraviaron de la fe, y fueron traspasados de muchos dolores.

—1 Timoteo 6:10

Los profetas denuncian las cosas ocultas.

Los profetas ven el orgullo oculto, la ambición oculta, la lujuria oculta, la brujería oculta, la maldad oculta, las agendas ocultas, y las mentiras ocultas.

Ay de los que se esconden de Jehová, encubriendo el consejo, y sus obras están en tinieblas, y dicen: ¿Quién nos ve, y quién nos conoce?

—Isaías 29:15

¡Cómo fueron escudriñadas las cosas de Esaú! Sus tesoros escondidos fueron buscados.

—Abdías 1:6

Los profetas denuncian la hipocresía.

Observa en Mateo 6:2–16; Mateo 23:3–29; y otros lugares de Mateo cuánto Jesús (el profeta como Moisés) habló sobre la hipocresía. La hipocresía es la práctica de decir que uno tiene estándares morales o creencias a los cuales la conducta de la persona no se conforma; fingir.

Hipócritas, bien profetizó de vosotros Isaías, cuando dijo...

—Mateo 15:7

Y por la mañana: Hoy habrá tempestad; porque tiene arreboles el cielo nublado. ¡Hipócritas! que sabéis distinguir el aspecto del cielo, ¡mas las señales de los tiempos no podéis!

—Mateo 16:3

Pero Jesús, conociendo la malicia de ellos, les dijo: ¿Por qué me tentáis, hipócritas?

—Mateo 22:18

Así que, todo lo que os digan que guardéis, guardadlo y hacedlo; mas no hagáis conforme a sus obras, porque dicen, y no hacen.

—Mateo 23:3

Mas ¡ay de vosotros, escribas y fariseos, hipócritas! porque cerráis el reino de los cielos delante de los hombres; pues ni entráis vosotros, ni dejáis entrar a los que están entrando.

—Mateo 23:13

Y lo castigará duramente, y pondrá su parte con los hipócritas; allí será el lloro y el crujir de dientes.

—Mateo 24:51

Los profetas quieren que las personas experimenten a Dios.

Y llamó Jacob el nombre de aquel lugar, Peniel porque dijo: Vi a Dios cara a cara, y fue librada mi alma.

—Génesis 32:30

Sueños, visiones, gloria, llanto, visitaciones en la noche, bajo el poder durante largos períodos de tiempo, ángeles…estas con las cosas que ellos quieren que otros experimenten en la presencia de Dios.

Los profetas quieren ver que se haga algo.

Cuando hay una necesidad, un problema, una situación, un error, los profetas no solo quieren que se hable de ello, ¡quieren acción! A veces se buscan problemas porque presionan para que haya acción y cambio. Detestan cuando no se hace nada y las personas solo lo tapan y se demoran.

Los profetas están enfocados y les gusta orar por los planes y propósitos de Dios.

A los profetas no les gusta simplemente orar por cualquier cosa y por todo. Los profetas quieren concentrarse en lo que Dios quiere hacer. Les gusta "dar en la diana". Los profetas se enfocan en la voluntad de Dios en una situación. Si quieres dar en el blanco, pídele a un profeta que ore.

Los profetas buscan ríos.

A los profetas les gusta el fluir del Espíritu. El fluir del Espíritu se iguala a un río. El río de Dios es importante para los profetas. Les gustan las iglesias donde hay ríos y los creyentes donde hay ríos. Ellos quieren saber dónde está fluyendo el poder de Dios.

A los profetas no les gusta cuando se bloquea el fluir del Espíritu. Los profetas trabajan para quitar los obstáculos que bloquean el río. Les gusta estar en servicios donde hay un fuerte fluir del Espíritu. Los profetas quieren ver el río de Dios fluir en sus regiones y territorios.

Del río sus corrientes alegran la ciudad de Dios,
El santuario de las moradas del Altísimo.

—SALMO 46:4

El que cree en mí, como dice la Escritura, de su interior correrán ríos de agua viva.

—JUAN 7:38

Los profetas buscan ríos, corrientes, fluir, agua, viva, iglesias con ríos, diques espirituales...

Los profetas cavan pozos.

Los profetas cavarán pozos donde no hay agua. No les gusta cuando las cosas del Espíritu están atascadas y detenidas. Son como Isaac quien volvió a cavar los pozos que los filisteos habían cerrado. Ellos volverán a cavar los pozos que han sido cerrados en una región por el pecado, la apatía y las concesiones. Los profetas cavan pozos nuevos y abren pozos viejos. Los profetas harán que el agua fluya.

Si quiere ver pozos destapados donde fluya el agua, busque un profeta.

Y volvió a abrir Isaac los pozos de agua que habían abierto en los días de Abraham su padre, y que los filisteos habían cegado después de la muerte de Abraham; y los llamó por los nombres que su padre los había llamado.

—GÉNESIS 26:18

Los profetas construyen en los lugares asolados.

Como Nehemías, los profetas reconstruyen. Ellos construyen en lugares asolados. Levantan lo que está destruido y en escombros. Reparan las ciudades arruinadas. Los profetas reparan, reconstruyen, restauran...

Reedificarán las ruinas antiguas, y levantarán los asolamientos primeros, y restaurarán las ciudades arruinadas, los escombros de muchas generaciones.

—ISAÍAS 61:4

Los profetas reparan los portillos y las calzadas para habitar.

Los profetas tratan con las ruinas, las murallas derribadas, los caminos perdidos y los cimientos caídos en las vidas de las personas. Lo de los profetas es reconstruir, reparar y restaurar las vidas de los quebrantados.

> Y los tuyos edificarán las ruinas antiguas; los cimientos de generación y generación levantarás, y serás llamado reparador de portillos, restaurador de calzadas para habitar.
>
> —Isaías 58:12

Los profetas se paran en la brecha.

Esto es intercesión. Es una súplica a favor de las personas. Es pararse en la brecha, pedir misericordia.

> Y trató de destruirlos,
> De no haberse interpuesto Moisés su escogido delante de él,
> A fin de apartar su indignación para que no los destruyese.
>
> —Salmo 106:23

> Y busqué entre ellos hombre que hiciese vallado y que se pusiese en la brecha delante de mí, a favor de la tierra, para que yo no la destruyese; y no lo hallé.
>
> —Ezequiel 22:30

Los profetas reparan altares.

Un altar es un lugar de sacrificio, consagración, adoración, oración, gloria y manifestación.

> Entonces dijo Elías a todo el pueblo: Acercaos a mí. Y todo el pueblo se le acercó; y él arregló el altar de Jehová que estaba arruinado.
>
> —1 Reyes 18:30

> Entraré al altar de Dios,
> Al Dios de mi alegría y de mi gozo;
> Y te alabaré con arpa, oh Dios, Dios mío.
>
> —Salmo 43:4

Los profetas quieren ver liberación y restauración.

Mas este es pueblo saqueado y pisoteado, todos ellos atrapados en cavernas y escondidos en cárceles; son puestos para despojo, y no hay quien libre; despojados, y no hay quien diga: Restituid.

—Isaías 42:22

Los profetas vuelven los corazones (reconciliación).

Los profetas tratan con los problemas del corazón. El ministerio del profeta cambia el corazón y trae reconciliación entre aquellos que han sido separados.

El hará volver el corazón de los padres hacia los hijos, y el corazón de los hijos hacia los padres, no sea que yo venga y hiera la tierra con maldición.

—Malaquías 4:6

Los profetas tienen intimidad con Dios.

La intimidad es la fortaleza del profeta. El profeta sabe cómo separarse para estar con Dios. La intimidad se trata de una relación personal cercana, familiar, y por lo general afectiva o cariñosa con otra persona o grupo. A los profetas les encanta estar a solas con Dios. A los profetas les encanta ministrarle al Señor (adorar).

Los profetas cultivan la intimidad con el Padre y escuchan su voz. El ayuno, la oración y ministrar al Señor son parte de cómo los profetas se acercan al Señor.

Mi amado habló, y me dijo: Levántate, oh amiga mía, hermosa mía, y ven.

—Cantares 2:10

Ministrando éstos al Señor, y ayunando, dijo el Espíritu Santo: Apartadme a Bernabé y a Saulo para la obra a que los he llamado.

—Hechos 13:2

Los profetas son mensajeros del pacto.

Los profetas eran enviados por el rey para que Israel regresara al pacto. A los profetas pes preocupa el pacto. La iglesia es la comunidad del pacto del Nuevo Testamento. Cuando el pacto (la comunión) se rompe, los profetas sufren. Los profetas exigen que vivamos a la altura de las obligaciones de nuestro pacto.

Y la tierra se contaminó bajo sus moradores; porque traspasaron las leyes, falsearon el derecho, quebrantaron el pacto sempiterno...

—ISAÍAS 24:5

Y el Dios de paz que resucitó de los muertos a nuestro Señor Jesucristo, el gran pastor de las ovejas, por la sangre del pacto eterno.

—HEBREOS 13:20

Los profetas buscan fruto.

Jesús vino a Israel buscando fruto. Jesús maldijo la higuera porque no tenía fruto. Israel era un país religioso pero sin fruto. El fruto es importante para Dios y para el profeta. Los profetas detestan la infertilidad. Los profetas necesitan algo más que palabras, sermones, oraciones y actividad religiosa. Los profetas buscan fruto. A los profetas les entristece la falta de fruto.

Todo lo que no lleva fruto es cortado.

Haced, pues, frutos dignos de arrepentimiento.

—MATEO 3:8

Y viendo una higuera cerca del camino, vino a ella, y no halló nada en ella, sino hojas solamente; y le dijo: Nunca jamás nazca de ti fruto. Y luego se secó la higuera.

—MATEO 21:19

Y dijo al viñador: He aquí, hace tres años que vengo a buscar fruto en esta higuera, y no lo hallo; córtala; ¿para qué inutiliza también la tierra?

—LUCAS 13:7

Los profetas buscan obras.

El profeta dice: "La fe sin obras es muerta". Los profetas detestan que se hable de fe sin las acciones correspondientes. Me gusta lo que dice Santiago 2:17: "Como pueden ver, la fe por sí sola no es suficiente. A menos que produzca buenas acciones, está muerta y es inútil" (NTV).

Así también la fe, si no tiene obras, es muerta en sí misma.

—SANTIAGO 2:17

Los profetas miran las obras.

Los profetas no se guían por lo que la gente dice sino por lo que hace (sus obras). Una obra es algo que se realiza, un acto o acción. La gente produce cosas malas o cosas buenas.

No todo el que me dice: Señor, Señor, entrará en el reino de los cielos, sino el que hace la voluntad de mi Padre que está en los cielos.

—MATEO 7:21

Porque todo aquel que hace lo malo, aborrece la luz y no viene a la luz, para que sus obras no sean reprendidas. Mas el que practica la verdad viene a la luz, para que sea manifiesto que sus obras son hechas en Dios.

—JUAN 3:20–21

Vosotros hacéis las obras de vuestro padre. Entonces le dijeron: Nosotros no somos nacidos de fornicación; un padre tenemos, que es Dios.

—JUAN 8:41

Hijitos míos, no amemos de palabra ni de lengua, sino de hecho y en verdad.

—1 JUAN 3:18

Y blasfemaron contra el Dios del cielo por sus dolores y por sus úlceras, y no se arrepintieron de sus obras.

—APOCALIPSIS 16:11

Los profetas buscan sinceridad.

Sincero significa "no fingido ni artificial; genuino; sin hipocresía ni pretensión' verdadero; puro; no adulterado".

Así que celebremos la fiesta, no con la vieja levadura, ni con la levadura de malicia y de maldad, sino con panes sin levadura, de sinceridad y de verdad.

—1 CORINTIOS 5:8

Pues no somos como muchos, que medran falsificando la palabra de Dios, sino que con sinceridad, como de parte de Dios, y delante de Dios, hablamos en Cristo.

—2 CORINTIOS 2:17

Presentándote tú en todo como ejemplo de buenas obras; en la enseñanza mostrando integridad, seriedad.

—TITO 2:7

Los profetas buscan lágrimas (llanto).

Las lágrimas (llanto) son una señal de un espíritu contrito. Los profetas buscan el verdadero arrepentimiento y las lágrimas cuando hay necesidad de regresar al Señor.

Los sacrificios de Dios son el espíritu quebrantado;
Al corazón contrito y humillado no despreciarás tú, oh Dios.

—SALMO 51:17

Los que sembraron con lágrimas, con regocijo segarán.

—SALMO 126:5

Por eso pues, ahora, dice Jehová, convertíos a mí con todo vuestro corazón, con ayuno y lloro y lamento.

—JOEL 2:12

Los profetas no juzgan por las apariencias externas.

Los profetas miran lo que hay dentro. No se dejan engañar por las apariencias externas.

¡Ay de vosotros, escribas y fariseos, hipócritas! porque sois semejantes a sepulcros blanqueados, que por fuera, a la verdad, se muestran hermosos, mas por dentro están llenos de huesos de muertos y de toda inmundicia...

—MATEO 23:27

Los profetas tienen hambre y sed de justicia.

Este es uno de los motivos principales de los profetas: un deseo de hacer y ver lo correcto. Los profetas detestan la injusticia. Los profetas tienen un profundo deseo de ver que las cosas se arreglen y se hagan bien. Esto es lo que satisface al profeta.

Bienaventurados los que tienen hambre y sed de justicia, porque ellos serán saciados.

—MATEO 5:6

Los profetas pueden identificar a los hijos del maligno.

Dicho de otra manera, los profetas pueden identificar a las personas a quienes el diablo usa y controla para traer daño y destrucción. Jesús identificaba a las personas de esa manera. Pabló identificó así a Elimas el mago. Los profetas pueden identificar a los enemigo de Dios y de su reino.

> Vosotros sois de vuestro padre el diablo, y los deseos de vuestro padre queréis hacer. El ha sido homicida desde el principio, y no ha permanecido en la verdad, porque no hay verdad en él. Cuando habla mentira, de suyo habla; porque es mentiroso, y padre de mentira.
>
> —JUAN 8:44

> Dijo: ¡Oh, lleno de todo engaño y de toda maldad, hijo del diablo, enemigo de toda justicia! ¿No cesarás de trastornar los caminos rectos del Señor?
>
> —HECHOS 13:10

Los profetas no pueden tolerar el mal.

Tolerar significa "permitir la existencia, la presencia, la práctica o acto de algo sin prohibición ni permito". Los profetas hablarán en contra del mal.

> Al que solapadamente infama a su prójimo, yo lo destruiré;
> No sufriré al de ojos altaneros y de corazón vanidoso.
>
> —SALMO 101:5

> Porque si viene alguno predicando a otro Jesús que el que os hemos predicado, o si recibís otro espíritu que el que habéis recibido, u otro evangelio que el que habéis aceptado, bien lo toleráis;
>
> —2 CORINTIOS 11:4

> Pero tengo unas pocas cosas contra ti: que toleras que esa mujer Jezabel, que se dice profetisa, enseñe y seduzca a mis siervos a fornicar y a comer cosas sacrificadas a los ídolos.
>
> —APOCALIPSIS 2:20

Los profetas batallan (luchan) contra los malvados.

Los que dejan la ley alaban a los impíos;
Mas los que la guardan contenderán con ellos.

—Proverbios 28:4

Entonces reprendí a los oficiales, y dije: ¿Por qué está la casa de Dios abandonada? Y los reuní y los puse en sus puestos.

—Nehemías 13:11

Buscarás a los que tienen contienda contigo, y no los hallarás; serán como nada, y como cosa que no es, aquellos que te hacen la guerra…

—Isaías 41:12

Los profetas no encalan.

La lechada es una mezcla de cal y agua a la que a menudo se añade un blanqueador o pegamento y se utilizan para blanquear las paredes, las cercas y otras estructuras. Encalar significa esconder o tapar (el mal, por ejemplo).

Entonces, cuando caiga el muro, la gente exclamará: "¿Qué pasó con la cal que pusieron ustedes?".

—Ezequiel 13:12, ntv

Los profetas hablan cuando los malvados prosperan.

Los profetas hablan y oran cuando los malvados prosperan. Se levantan cuando parece que los malvados prosperan y los justos tienen dificultades. Los profetas nos recuerdan que a los malvados no les irá bien y que los justos no deben inquietarse.

Guarda silencio ante Jehová, y espera en él. No te alteres con motivo del que prospera en su camino, por el hombre que hace maldades.

—Salmo 37:7

Espera en Jehová, y guarda su camino, y él te exaltará para heredar la tierra; cuando sean destruidos los pecadores, lo verás. Vi yo al impío sumamente enaltecido, y que se extendía como laurel verde. Pero él pasó, y he aquí ya no estaba; lo busqué, y no fue hallado.

—Salmo 37:34–36

Porque tuve envidia de los arrogantes,
Viendo la prosperidad de los impíos.

—Salmo 73:3

He aquí estos impíos,
Sin ser turbados del mundo, alcanzaron riquezas.

—Salmo 73:12

Los profetas se pronuncian contra la inmoralidad.
Los profetas no defenderán el pecado sexual, la avaricia, una vida despilfarradora, la impureza y otras inmoralidades.

Huid de la fornicación. Cualquier otro pecado que el hombre cometa, está fuera del cuerpo; mas el que fornica, contra su propio cuerpo peca.

—1 Corintios 6:18

Pero fornicación y toda inmundicia, o avaricia, ni aun se nombre entre vosotros, como conviene a santos.

—Efesios 5:3

Andemos como de día, honestamente; no en glotonerías y borracheras, no en lujurias y lascivias, no en contiendas y envidia.

—Romanos 13:13

Los profetas no andan ni se ponen de acuerdo con cualquier persona.
Los profetas no están de acuerdo con todo. Estar de acuerdo significa "aceptar o apoyar una política o programa".

¿Andarán dos juntos, si no estuvieren de acuerdo?

—Amós 3:3

¿Y qué acuerdo hay entre el templo de Dios y los ídolos? Porque vosotros sois el templo del Dios viviente, como Dios dijo: Habitaré y andaré entre ellos, y seré su Dios, y ellos serán mi pueblo.

—2 Corintios 6:16

Los profetas entienden las relaciones ordenadas por Dios.
Las relaciones son muy importantes para los profetas. Las relaciones son importantes para el destino. Las relaciones ordenadas por Dios son parte de tu destino y propósito.

- Relaciones de esposo y esposa
- Relaciones ministeriales
- Relaciones de padre e hijo
- Relaciones de pacto

El profeta pregunta: "¿Te relacionas con las personas correctas?"

Por tanto, lo que Dios juntó, no lo separe el hombre.

—MARCOS 10:9

Ministrando éstos al Señor, y ayunando, dijo el Espíritu Santo: Apartadme a Bernabé y a Saulo para la obra a que los he llamado.

—HECHOS 13:2

Los profetas te avisan cuando te relacionas con las personas equivocadas.

Eliezer le profetizó a Josafat con respecto a su relación con el malvado rey Ocozías. Esta relación provocó que sus obras fracasaran. Las personas que quieren tener relaciones que no han sido ordenadas por Dios pueden objetar esto. Los profetas te dejarán saber cuando estás atado por malos lazos del alma o por relaciones impías.

Entonces Eliezer hijo de Dodava, de Maresa, profetizó contra Josafat, diciendo: Por cuanto has hecho compañía con Ocozías, Jehová destruirá tus obras. Y las naves se rompieron, y no pudieron ir a Tarsis.

—2 CRÓNICAS 20:37

No erréis; las malas conversaciones corrompen las buenas costumbres.

—1 CORINTIOS 15:33

Los profetas son iconoclastas (Nehustán).

Un iconoclasta es una persona que desbarata los ídolos. Los hijos de Israel comenzaron a adorar la serpiente de bronce que Dios había ordenado a Moisés que levantara en el desierto. La serpiente de bronce se convirtió en un ídolo. Más adelante fue destruida. A veces los antiguos movimientos de Dios se convierten en ídolos. El profeta desbaratará estos ídolos.

Un iconoclasta es una persona que ataca las creencias muy queridas, las instituciones tradicionales y cosas semejantes ya que se basan en el error o la superstición. Estas características del iconoclasta también aplican a los apóstoles.

> El quitó los lugares altos, y quebró las imágenes, y cortó los símbolos de Asera, e hizo pedazos la serpiente de bronce que había hecho Moisés, porque hasta entonces le quemaban incienso los hijos de Israel; *y la llamó Nehustán.*
>
> —2 Reyes 18:4, cursivas del autor

Los profetas son gente de confianza que piensa como gente de afuera.

Dios usa a los profetas para mantener a la iglesia en curso. A veces se necesita alguien de afuera para que vea claramente e impulse el cambio. Yo llamo al profeta alguien de confianza que ve desde afuera. El profeta a veces se siente como alguien de afuera, aunque es miembro de la comunidad de fe. La gente de confianza tiende a ser de vista corta. La gente así a veces no puede ver el bosque por causa de los árboles. Quiero enfatizar que el profeta es un miembro de la iglesia. Yo digo que son gente de confianza que a veces se sienten como gente de afuera.

La gente de afuera puede ser crítica ante lo que sucede porque ven las cosas de otra manera. La gente de afuera puede ser más objetiva. A veces la gente de confianza rechaza toda crítica de la gente de afuera pero a menudo los de afuera tienen la razón. El de afuera no tiene nada que perder. El de afuera no ha invertido como el de adentro.

Los profetas piensan de manera revolucionaria.

Eso significa que piensan de manera poco convencional o con una nueva perspectiva. Los profetas no encajan en lo tradicional. Los profetas nos exigen al máximo. Los profetas nos ayudan a ir más allá de los límites. Son visionarios. Nos ayudan a salir del estancamiento y la rutina. No solo piensan de manera revolucionaria, sino que nos ayudan a hacerlo también.

La religión y la tradición se convierten en una trampa. Los límites, el pensamiento, las mentalidades, las barreras y demás también son una trampa.

Los profetas resuelven problemas.

Cuando el faraón tuvo un problema (un sueño), mandó a llamar a José. Cuando el rey Nabucodonosor tuvo un problema (un sueño), mandó a llamar a Daniel. Se describía a Daniel como un hombre que podía "resolver dudas".

Si tienes un problema, busca un profeta. Los profetas tienen soluciones.

Por cuanto fue hallado en él mayor espíritu y ciencia y entendimiento, para interpretar sueños y descifrar enigmas y resolver
dudas; esto es, en Daniel, al cual el rey puso por nombre Beltsasar.
Llámese, pues, ahora a Daniel, y él te dará la interpretación.
—Daniel 5:12

Los profetas son gente de visión.

Los profetas necesitan tener visión. No pueden vivir vivas sin propósito. Quieren saber cuál es la visión. Quieren saber adónde vamos. Quieren
saber adónde va la iglesia. Ellos preguntan: "¿Qué encierra el futuro?".

Sin profecía el pueblo se desenfrena;
Mas el que guarda la ley es bienaventurado.
—Proverbios 29:18

Y Jehová me respondió, y dijo: Escribe la visión, y declárala en
tablas, para que corra el que leyere en ella.
—Habacuc 2:2

Los profetas son una bujía.

Una bujía es algo que da vida o energía a un empeño. Los profetas
son catalizadores. Algunos sinónimos de catalizador incluyen estímulo,
chispa, bujía, acicate, incitación, ímpetu.

Los profetas ayudan a mover las cosas. A los profetas les gusta
echar a andar las cosas. Detestan cuando las cosas se estancan y no
se mueven. Son como una chispa que enciende. Sus palabras encienden.
Sus oraciones encienden. Sus canciones encienden.

Los profetas no se conforman con menos.

Los profetas saben que hay algo por venir.
Los profetas saben que hay más por hacer.
Los profetas saben que hay más para experimentar.
Los profetas saben que hay más por saber.
Los profetas saben que hay más para creer.
Los profetas saben que sucederán más cosas.
Los profetas saben que hay más para ver.
Los profetas saben que hay más para escuchar.

Y a Aquel que es poderoso para hacer todas las cosas mucho
más abundantemente de lo que pedimos o entendemos, según el
poder que actúa en nosotros.
—Efesios 3:20

Los profetas son luchadores

Contender significa luchar para superar (una dificultad o peligro). Contender significa pelear o batallar. Los luchadores son vencedores. Los luchadores pelean por la verdad. Los luchadores pelean por la justicia. Los profetas siempre parecen estar luchando por algo. Los profetas a veces piensan: "¿Soy yo el único que lucha por esto?". Esa es la naturaleza de un profeta: son luchadores.

> Amados, por la gran solicitud que tenía de escribiros acerca de nuestra común salvación, me ha sido necesario escribiros exhortándoos que contendáis ardientemente por la fe que ha sido una vez dada a los santos.
>
> —JUDAS 1:3

> Los que dejan la ley alaban a los impíos;
> Mas los que la guardan contenderán con ellos.
>
> —PROVERBIOS 28:4

Los profetas son un Sadoc.

Los Sadoc eran los sacerdotes fieles que no se desviaron como los otros levitas. Dios los elogió por su fidelidad y obediencia. La fidelidad a Dios es una prioridad para los profetas. Sadoc también era un vidente.

> Dijo además el rey al sacerdote Sadoc: ¿No eres tú el vidente? Vuelve en paz a la ciudad, y con vosotros vuestros dos hijos; Ahimaas tu hijo, y Jonatán hijo de Abiatar.
>
> —2 SAMUEL 15:27

> Mas los sacerdotes levitas hijos de Sadoc, que guardaron el ordenamiento del santuario cuando los hijos de Israel se apartaron de mí, ellos se acercarán para ministrar ante mí, y delante de mí estarán para ofrecerme la grosura y la sangre, dice Jehová el Señor.:
>
> —EZEQUIEL 44:15

> Los sacerdotes santificados de los hijos de Sadoc que me guardaron fidelidad, que no erraron cuando erraron los hijos de Israel, como erraron los levitas.
>
> —EZEQUIEL 48:11

Los profetas conocen a su gente.

Los profetas saben a quiénes han sido asignados. Conocen sus puntos fuertes y sus puntos débiles. Jesús conocía a los judíos y los trató fuertemente. Los profetas son honestos. Los profetas le dicen la verdad a su gente.

Uno de ellos, su propio profeta, dijo: Los cretenses, siempre mentirosos, malas bestias, glotones ociosos. Este testimonio es verdadero; por tanto, repréndelos duramente, para que sean sanos en la fe.
—Tito 1:12–13

Los profetas hablan al remanente.

Los profetas hablan al remanente en Israel. Siempre hubo un verdadero Israel dentro de Israel. Estaba la promesa de salvación, liberación y restauración. El remanente son los fieles. Los profetas bendicen y animan al remanente.

Y yo haré que queden en Israel siete mil, cuyas rodillas no se doblaron ante Baal, y cuyas bocas no lo besaron.
—1 Reyes 19:18

Porque de Jerusalén saldrá un remanente, y del monte de Sion los que se salven. El celo de Jehová de los ejércitos hará esto.
—Isaías 37:32

Entonces el dragón se llenó de ira contra la mujer; y se fue a hacer guerra contra el resto de la descendencia de ella, los que guardan los mandamientos de Dios y tienen el testimonio de Jesucristo.
—Apocalipsis 12:17

Los profetas desafían a los que dicen ser el pueblo de Dios.

Los profetas fueron enviados a desafiar a aquellos que decían ser el pueblo de Dios. Israel lo proclamaban por su nombre pero lo negaba en acción. Oseas llamó a unos de sus hijos Lo-ammi que significaba "no eres mi pueblo". A los profetas les preocupan aquellos que se suponen que sean el pueblo de Dios. Una frase común a lo largo de la Escritura es "y ellos serán mi pueblo y yo seré su Dios".

Los profetas quieren que tus acciones se correspondan con tus palabras.

Y dijo Dios: Ponle por nombre Lo-ammi, porque vosotros no sois mi pueblo, ni yo seré vuestro Dios.
—Oseas 1:9

Los profetas suplican.

Suplicar significa presentar y abogar por (una posición), sobre todo en un tribunal o algún otro contexto público. Los profetas suplican por aquellos que no tienen defensor. Por los que no tienen voz. Suplican en oración. Suplican con su voz. Los papeles suplican por justicia.

> Abre tu boca, juzga con justicia,
> Y defiende la causa del pobre y del menesteroso.
>
> —Proverbios 31:9

> Aprended a hacer el bien; buscad el juicio, restituid al agraviado, haced justicia al huérfano, amparad a la viuda.
>
> —Isaías 1:17

> No hay quien clame por la justicia, ni quien juzgue por la verdad; confían en vanidad, y hablan vanidades; conciben maldades, y dan a luz iniquidad.
>
> —Isaías 59:4

Los profetas son siervos.

Los profetas son siervos de Dios y también sirven al hombre. El término siervo implica subordinación y humildad. El término hebreo es *ebed*, que también la connotación de un oficial o funcionario, sobre todo un funcionario de una corte real. El mayor en el reino es el siervo. Los profetas sirven en calidad oficial.

> No hemos obedecido a tus siervos los profetas, que en tu nombre hablaron a nuestros reyes, a nuestros príncipes, a nuestros padres y a todo el pueblo de la tierra.
>
> —Daniel 9:6

> Porque no hará nada Jehová el Señor, sin que revele su secreto a sus siervos los profetas.
>
> —Amós 3:7

Los profetas son los que arden.

En Isaías 6:1–8, *serafín* es la palabra que Isaías usó para describir a seres llameantes que volaban alrededor del trono de Dios y cantaban: "Santo, santo, santo". En hebreo se traduce literalmente como "los que arden". Hay una nueva estirpe de profetas levantándose en esta época que han sido enviados por el trono del cielo para llevar la palabra del Señor. Estos profetas son los que arden por esta generación. Ellos hablarán como los profetas de antaño, arderán con un fuego que no podrá contenerse. La palabra del Señor en sus corazones es como un fuego ardiente. Ellos incendiarán al mundo con esta palabra.

> Y dije: No me acordaré más de él, ni hablaré más en su nombre; no obstante, había en mi corazón como un fuego ardiente metido en mis huesos; traté de sufrirlo, y no pude.
>
> —Jeremías 20:9

Los profetas predican la realidad no la sombra.

La ley era una sombra, pero Cristo es la realidad. Las sombras (tipos y símbolos) se cumplieron en Cristo. Los profetas nos ayudan a alejarnos de las sombras para poder experimentar el cumplimiento en Cristo. Los profetas tratan con las realidades espirituales no con las sombras ni tipos como la Pascua, el Pentecostés, el Día de la expiación, las leyes alimentarias, la circuncisión, el día de reposo y cosas semejantes.

Los profetas tienen oídos para escuchar.

Si alguien tiene oídos para escuchar lo que el Señor está diciendo a la iglesia, deben ser los profetas. ¿Dónde estaban los profetas en las siete iglesias de Asia (Apocalipsis 1–3)? El Señor envió una palabra a las siete iglesias y estaba hablando a los que tenían oídos para escuchar. El Señor envía su palabra a las iglesias y busca a los que tiene oídos para escuchar.

> El que tiene oído, oiga lo que el Espíritu dice a las iglesias. Al que venciere, le daré a comer del árbol de la vida, el cual está en medio del paraíso de Dios.
>
> —Apocalipsis 2:7

Los profetas escuchan la voz apacible.

A veces el Señor no está en el viento, ni en el terremoto ni en el fuego sino en la voz apacible. El profeta puede escuchar la voz apacible en medio del viento, el terremoto y el fuego. El profeta no se queda atascado en lo dramático sino que puede escuchar la voz apacible. El profeta a veces tiene que hacer silencio para escuchar esta voz. ¿Qué está diciendo Dios que solo yo puedo escuchar cuando hago silencio y escuchado lo que él está diciendo muy adentro?

Hagan silencio, profetas, y dejen que Dios les hable con la voz apacible.

El le dijo: Sal fuera, y ponte en el monte delante de Jehová. Y he aquí Jehová que pasaba, y un grande y poderoso viento que rompía los montes, y quebraba las peñas delante de Jehová; pero Jehová no estaba en el viento. Y tras el viento un terremoto; pero Jehová no estaba en el terremoto. Y tras el terremoto un fuego; pero Jehová no estaba en el fuego. Y tras el fuego un silbo apacible y delicado. Y cuando lo oyó Elías, cubrió su rostro con su manto, y salió, y se puso a la puerta de la cueva. Y he aquí vino a él una voz, diciendo: ¿Qué haces aquí, Elías?

—1 REYES 19:11–13

Los profetas nos recuerdan que el poder (la fortaleza) le pertenece a Dios.

La fortaleza viene de Dios. Dios es la fuente de poder y fortaleza. Los profetas nos animan a apoyarnos en la fortaleza de Dios.

Una vez habló Dios; Dos veces he oído esto: Que de Dios es el poder.

—SALMO 62:11

Temible eres, oh Dios, desde tus santuarios; El Dios de Israel, él da fuerza y vigor a su pueblo. Bendito sea Dios.

—SALMO 68:35

No temas, porque yo estoy contigo; no desmayes, porque yo soy tu Dios que te esfuerzo; siempre te ayudaré, siempre te sustentaré con la diestra de mi justicia.

—ISAÍAS 41:10

Los profetas nos recuerdan que "es por el Espíritu".

Ningún programa puede reemplazar el poder del Espíritu. El entretenimiento no reemplaza al poder del Espíritu. Los profetas clamarán cada vez que la iglesia se aleje del poder del Espíritu.

No con ejército, ni con fuerza, sino con mi Espíritu, ha dicho Jehová de los ejércitos.

—ZACARÍAS 4:6

¿QUÉ MUEVE EL CORAZÓN DE UN PROFETA?

*Y Dios dio a Salomón sabiduría y prudencia muy grandes, y
anchura de corazón como la arena que está a la orilla del mar.*
—1 Reyes 4:29

N LOS PROFETAS vemos muchas caras del corazón de Dios: compasión,
odio por el pecado y la injusticia, santidad, dolor, poder, ánimo, gozo,
celo, y demás. El profeta lleva dentro de sí el corazón del Padre. Ellos
sienten lo que el Padre siente en diferentes momentos. Para el profeta
Esto puede ser algo difícil de aprender a manejar. El profeta puede sentir
que está en una montaña rusa emocional.

No te asustes, profeta, y no te confundas. Eres especial. Llevas dentro de tu corazón el latido de Dios.

David fue un hombre conforme al corazón de Dios.

Mas ahora tu reino no será duradero. Jehová se ha buscado un
varón conforme a su corazón, al cual Jehová ha designado para
que sea príncipe sobre su pueblo.
—1 Samuel 13:14

Los profetas son de gran corazón. Este capítulo revela cuán profundo y ancho es el corazón del profeta. Dios da su corazón a los profetas.
Los profetas están a tono con el latido del corazón de Dios. Sus corazones laten al ritmo del corazón de Dios. Aman lo que Dios ama y odian
lo que Dios odia. Eso es lo que hace únicos a los profetas, su corazón.

EL CORAZÓN DEL PROFETA

Jesús lloró por la ciudad de Jerusalén porque se perdieron el tiempo
de la visitación. Este es el corazón del profeta. El profeta sufre y llora
cuando la gente se pierde lo que Dios tiene para ellos. Esto es lo que
rompe el corazón del profeta.

Y cuando llegó cerca de la ciudad, al verla, lloró sobre ella,
diciendo: ¡Oh, si también tú conocieses, a lo menos en este tu
día, lo que es para tu paz! Mas ahora está encubierto de tus ojos.
—Lucas 19:41–42

LO QUE IMPULSA A LOS PROFETAS

A los profetas los impulsan otros profetas. Los profetas se benefician al estar en una comunidad profética. Escuchar la revelación de otro profeta impulsa al profeta.

Asimismo, los profetas hablen dos o tres, y los demás juzguen. Y si algo le fuere revelado a otro que estuviere sentado, calle el primero. Porque podéis profetizar todos uno por uno, para que todos aprendan, y todos sean exhortados.

—1 Corintios 14:29–31

LO QUE IMPORTA PARA LOS PROFETAS

Las cosas que son importantes para otros no lo son para los profetas. A los profetas les importan las cosas que otros pasan por alto. No les preocupan las cosas carnales. Les preocupan las cosas del Espíritu. A menudo las personas carnales los consideran "demasiado profundos". A menudo los consideran "problemáticos". A menudo los rebeldes y desobedientes los consideran "locos".

Cuando Acab vio a Elías, le dijo: ¿Eres tú el que turbas a Israel?

—1 Reyes 18:17

Vinieron los días del castigo, vinieron los días de la retribución; e Israel lo conocerá. Necio es el profeta, insensato es el varón de espíritu, a causa de la multitud de tu maldad, y grande odio...

—Oseas 9:7

El juicio (justicia), la misericordia, la humildad, la compasión, el amor y la verdad son muy importantes para los profetas.

¡Ay de vosotros, escribas y fariseos, hipócritas! porque diezmáis la menta y el eneldo y el comino, y dejáis lo más importante de la ley: la justicia, la misericordia y la fe. Esto era necesario hacer, sin dejar de hacer aquello.

—Mateo 23:23

Oh hombre, él te ha declarado lo que es bueno, y qué pide Jehová de ti: solamente hacer justicia, y amar misericordia, y humillarte ante tu Dios.

—MIQUEAS 6:8

Así habló Jehová de los ejércitos, diciendo: Juzgad conforme a la verdad, y haced misericordia y piedad cada cual con su hermano.

—ZACARÍAS 7:9

No hay quien clame por la justicia, ni quien juzgue por la verdad; confían en vanidad, y hablan vanidades; conciben maldades, y dan a luz iniquidad.

—ISAÍAS 59:4

El carácter también es importante para los profetas, no solo el carisma.

LO QUE DA GOZO A LOS PROFETAS

* Los profetas se estimulan y alegran cuando ven avivamiento y gloria.
* Los profetas se levantan y se alegran cuando ven que el pueblo de Dios se mueve y avanza.
* Se emocionan cuando ven al pueblo de Dios y a la iglesia vencer las barreras y los obstáculos.
* Se levantan y se alegran cuando ven que se liberan poder y milagros.
* Les encanta ver a la gente salvarse, liberarse, sanarse.
* Les encanta cuando los descarriados regresan.
* Se alegran cuando ven que las cosas por las que han estado orando durante años se manifiestan.
* Se alegran cuando ven que los pobres y desechados se levantan.
* Se alegran cuando ven a la maldad derrotada y que la justicia prevalece.

QUÉ HACE QUE LOS PROFETAS SUFRAN

Los profetas sufren y se molestan con lo que otros ignoran. Los profetas tienen una sensibilidad por las cosas que afligen a Dios.

- La injusticia molesta a los profetas.
- Las cosas desordenadas molestan a los profetas.
- Cuando los malvados prosperan y los justos sufren, los profetas se molestan.
- Cuando otros se aprovechan y maltratan a los pobres e indefensos, los profetas se molestan.
- Cuando la iglesia no cumple con su llamado y propósito, los profetas se molestan.
- Cuando los malos ejercen la autoridad, los profetas se molestan.
- La hipocresía molesta a los profetas.
- La falsa enseñanza molesta a los profetas.
- La carnalidad y la apostasía (el apartarse de Dios y de la verdad) molesta a los profetas.
- La injusticia y el abuso molestan a los profetas.
- La tradición religiosa y el control religioso molestan a los profetas.
- El orgullo, la vanidad y la arrogancia molestan a los profetas.
- La falsa adoración y los lobos (falsos ministros) molestan a los profetas.
- La avaricia, la codicia, la corrupción, la truhanería y el robo molestan a los profetas.
- La tibieza molesta a los profetas.
- La mentira y el engaño molestan a los profetas.
- La rebelión, la brujería y la adivinación molestan a los profetas.

Estas son las cosas que llevan al profeta a orar. Estas son las cosas que los llevan a su lugar de oración. Ellos oran para que se produzca un cambio. No soportan el estatus de las cosas. Claman a Dios. Lloran en su rincón de oración. Los profetas que oran producen un cambio.

> Veía a los prevaricadores, y me disgustaba,
> Porque no guardaban tus palabras.
> —Salmo 119:158

Anímense, profetas. Sus oraciones marcan la diferencia. El gozo vendrá cuando sean respondidas.

> Mas si no oyereis esto, en secreto llorará mi alma a causa de vuestra soberbia; y llorando amargamente se desharán mis ojos en lágrimas, porque el rebaño de Jehová fue hecho cautivo.
> —Jeremías 13:17

A los profetas les duele cuando no hay amor.

El amor es importante para los profetas. Uno puede tener actividad pero si no hay amor, el profeta sufre. Las luchas, la división, la brusquedad y el odio son pecados penosos para un profeta. Los profetas saben que si uno no tiene amor, no conoce a Dios.

Amados, amémonos unos a otros; porque el amor es de Dios. Todo aquel que ama, es nacido de Dios, y conoce a Dios. El que no ama, no ha conocido a Dios; porque Dios es amor.

—1 JUAN 4:7–8

La dureza de corazón aflige a los profetas.

Un corazón duro es un corazón de piedra. Es un corazón obstinado e incrédulo. Es un corazón inconmovible. Los profetas buscan corazones suaves y tiernos. Los profetas buscan corazones quebrantados y contritos.

Jesús se enojó por la dureza de sus corazones.

Entonces, mirándolos alrededor con enojo, entristecido por la dureza de sus corazones, dijo al hombre: Extiende tu mano. Y él la extendió, y la mano le fue restaurada sana.

—MARCOS 3:5

Y entendiéndolo Jesús, les dijo: ¿Qué discutís, porque no tenéis pan? ¿No entendéis ni comprendéis? ¿Aún tenéis endurecido vuestro corazón?

—MARCOS 8:17

Los profetas sufren cuando no hay oración.

Los profetas saben que la casa de Dios es una casa de oración. Los profetas llaman a la oración. Los profetas llaman a la iglesia para que regrese a la oración.

Yo los llevaré a mi santo monte, y los recrearé en mi casa de oración; sus holocaustos y sus sacrificios serán aceptos sobre mi altar; porque mi casa será llamada casa de oración para todos los pueblos…

—ISAÍAS 56:7

A los profetas les duele cuando la gente se pierde a Dios.

Jesús lloró por Jerusalén porque se perdieron la oportunidad de su visitación. Se pueden perder las oportunidades divinas.

> Y te derribarán a tierra, y a tus hijos dentro de ti, y no dejarán en ti piedra sobre piedra, por cuanto no conociste el tiempo de tu visitación.
>
> —Lucas 19:44

LO QUE AMAN LOS PROFETAS

Los profetas aman los símbolos y los actos simbólicos.

El simbolismo es importante para los profetas. A veces las cosas del Espíritu son difíciles de articular con un idioma conocido y deben representarse o transmitirse mediante símbolos. Los símbolos pueden convertirse en el idioma del Espíritu. El reino espiritual es diferente del natural, y Dios da al profeta otras maneras de transmitir un mensaje más allá de las limitaciones del lenguaje humano.

> Y dijo: Abre la ventana que da al oriente. Y cuando él la abrió, dijo Eliseo: Tira. Y tirando él, dijo Eliseo: Saeta de salvación de Jehová, y saeta de salvación contra Siria; porque herirás a los sirios en Afec hasta consumirlos.
>
> —2 Reyes 13:17

A los profetas les encantan los símbolos como banderas, estandartes, aceite, espadas, coronas y demás.

Los profetas aman la presencia de Dios.

La presencia de Dios es el oxígeno que ellos respiran. Detestan cuando la presencia de Dios no está en la iglesia. No pueden estar en programas sin que haya presencia. No pueden quedarse en lugares que se han convertido en un Icabod. No es un problema para ellos estar en servicios largos cuando la presencia de Dios está allí.

David, un profeta, amaba la presencia de Dios. Sus profecías venían de estar en la presencia de Dios.

> Para ver tu poder y tu gloria,
> Así como te he mirado en el santuario.
>
> —Salmo 63:2

Los profetas aman y ven a los magullados y lastimados.
Los profetas no los ignoran ni los pasan por alto. Los profetas detectan a los quebrantados, los magullados y lastimados. Los pueden detectar en una multitud. Pueden ver a los que están en necesidad de sanidad y restauración cuando otros los ignoran y les pasan por el lado.

No quebrará la caña cascada, ni apagará el pábilo que humeare; por medio de la verdad traerá justicia. No se cansará ni desmayará, hasta que establezca en la tierra justicia; y las costas esperarán su ley.

—ISAÍAS 42:3–4

Los profetas aman la adoración.
Los profetas aman la gloria y la presencia de Dios. La naturaleza inspira a los profetas y los profetas aman la adoración inspirada. A los profetas les encantan las canciones nuevas y los nuevos sonidos. La canción del Señor mueve a los profetas. Los profetas son grandes líderes de adoración.

Algunos de los más grandes adoradores de la Biblia fueron profetas. David, Asaf, Hemán y Jedutún fueron adoradores que eran profetas (1 Crónicas 25:1–6). La adoración está conectada al espíritu de profecía.

Los profetas establecían la adoración en Israel.

Puso también levitas en la casa de Jehová con címbalos, salterios y arpas, conforme al mandamiento de David, de Gad vidente del rey, y del profeta Natán, porque aquel mandamiento procedía de Jehová por medio de sus profetas.

—2 CRÓNICAS 29:25

Yo me postré a sus pies para adorarle. Y él me dijo: Mira, no lo hagas; yo soy consiervo tuyo, y de tus hermanos que retienen el testimonio de Jesús. Adora a Dios; porque el testimonio de Jesús es el espíritu de la profecía.

—APOCALIPSIS 19:10

La adoración crea una atmósfera para el espíritu de profecía. Los profetas y la gente profeta se desarrollan en la atmósfera de la adoración. Los profetas pueden funcionar como líderes de adoración, salmistas y trovadores. Ellos producen sonidos proféticos y canciones proféticas que traen liberación, sanidad, restauración y frescura. También hay profetas que funcionan como videntes. Los videntes tienen la capacidad de mirar en el reino espiritual y luego declarar lo que ven. Cuando los videntes están involucrados en nuestra adoración, ellos ven lo que sucede en el reino espiritual mientras adoramos y como consecuencia de nuestra adoración. Los videntes han visto ángeles, humo, fuego, lluvia, demonios, caballos, ejércitos, tornos, joyas, juicios, colores, etc. Pueden declarar lo que ven a la congregación y animar a los santos a actuar basándose en eso que ven. Esto redunda en gran libertad y progreso.

Necesitamos dejar espacio a los videntes (lea 1 Samuel 9:9) en nuestros servicios de adoración. Cualquier creyente puede ver si Dios lo permite pero los videntes son ministerios proféticos probados y reconocidos por el liderazgo de la iglesia.

La música y músicos ungidos aceleran la palabra profética.

2 Reyes 3:11–16. El rey Josafat quería una palabra profética que le diera dirección. Él mandó a buscar un profeta (v. 11), y trajeron a Eliseo. Eliseo buscó un trovador que tocara y "la mano de Jehová vino sobre Eliseo" (v. 15). La música ungida aceleró la palabra profética para Eliseo y entonces el profetizó la Palabra del Señor. Incluso un profeta como Eliseo necesitaba música para acelerar la palabra profética.

1 Samuel 10:5–6, 10. Una compañía de profetas viene por el camino, precedida por los que tocaban salterios, panderos, flautas y arpas. El resultado fue que mediante la música ungida los profetas no solo profetizaron sino que vino sobre Saúl un espíritu de profecía y también el profetizó. Fue la presencia de la música lo que aceleró la palabra profética para Saúl y los profetas.[1]

Profetas, no están locos. Solamente están locos por la adoración y la alabanza.

Alabad a Dios en su santuario;
Alabadle en la magnificencia de su firmamento.
Alabadle por sus proezas;

Alabadle conforme a la muchedumbre de su grandeza.
Alabadle a son de bocina;
Alabadle con salterio y arpa.
Alabadle con pandero y danza;
Alabadle con cuerdas y flautas.
Alabadle con címbalos resonantes;
Alabadle con címbalos de júbilo.
Todo lo que respira alabe a JAH.
Aleluya.

—SALMO 150:1–6

Los profetas aman la danza.

Los profetas aman la danza porque son un pueblo en movimiento.
Dios es un Dios de movimiento y un movimiento ungido pueden producir la bendición de Dios.

Y María la profetisa, hermana de Aarón, tomó un pandero en
su mano, y todas las mujeres salieron en pos de ella con panderos y danzas.

—ÉXODO 15:20

Después de esto llegarás al collado de Dios donde está la guar-
nición de los filisteos; y cuando entres allá en la ciudad encontrarás una compañía de profetas que descienden del lugar alto,
y delante de ellos salterio, pandero, flauta y arpa, y ellos profetizando.

—1 SAMUEL 10:5

Y David danzaba con toda su fuerza delante de Jehová; y estaba
David vestido con un efod de lino...

—2 SAMUEL 6:14

Danzar es un símbolo de victoria, gozo y celebración. No danzar es
una señal de derrota y luto.

Entonces la virgen se alegrará en la danza, los jóvenes y los viejos juntamente; y cambiaré su lloro en gozo, y los consolaré, y
los alegraré de su dolor.

—JEREMÍAS 31:13

Cesó el gozo de nuestro corazón;
Nuestra danza se cambió en luto.

—LAMENTACIONES 5:15

A los profetas les encantan los instrumentos musicales en la alabanza a Dios.
¿Sabías que David hizo instrumentos para alabar?

Con ellos a Hemán y a Jedutún con trompetas y címbalos para los que tocaban, y con otros instrumentos de música de Dios; y a los hijos de Jedutún para porteros.

—1 CRÓNICAS 16:42

Además, cuatro mil porteros, y cuatro mil para alabar a Jehová, dijo David, con los instrumentos que he hecho para tributar alabanzas.

—1 CRÓNICAS 23:5

Los profetas aman la libertad.
La libertad es el deseo de los profetas. Los profetas detestan el yugo y el control. Los profetas detestan cuando el Espíritu Santo es ahogado. Los profetas quieren que el pueblo de Dios sea libre y disfrute la libertad.

Porque el Señor es el Espíritu; y donde está el Espíritu del Señor, allí hay libertad.

—2 CORINTIOS 3:17

Estad, pues, firmes en la libertad con que Cristo nos hizo libres, y no estéis otra vez sujetos al yugo de esclavitud.

—GÁLATAS 5:1

Los profetas aman *la rhema*.
La Biblia es el *logos*. Cuando Dios acelera una palabra del *logos* esta se convierte en *rhema*. Hay escrituras que se aplican a ciertos momentos de tu vida. Los profetas pueden liberar la *rhema*. Lo que Dios habla hoy a partir de su Palabra (*logos*) es *rhema*.

En griego la palabra *rhema* significa "una declaración". Por lo tanto, la palabra *rhema* en términos bíblicos se refiere a una porción de la Escritura que "habla" a un creyente. Mateo 4:4 es un ejemplo excelente de su importancia: "Escrito está: No sólo de pan vivirá el hombre, sino de toda palabra [rhema] que sale de la boca de Dios." Para un profeta no hay nada peor que una predicación y enseñanza añejas, una palabra de con la unción de ayer. *Rhema* es algo fresco y aplicable en el hoy.

Debemos amar y estudiar la Palabra (*logos*). Los profetas deben estudiar y conocer la Palabra (*logos*), pero los profetas deben pronunciar una *rhema*.

Los profetas aman las cosas más profundas del Espíritu.

Los profetas no son superficiales. Les gusta o profundo. Les gusta comprender las cosas más profundas de Dios. Entienden los misterios de Dios. Detestan la superficialidad. Son los primeros en aceptar las verdades más profundas. La gente superficial los considera "demasiado profundos". Los profetas entienden que Dios es más grande y más profundo que lo que la mayoría de la gente entiende. Los profetas presionan a la iglesia para que profundice, para que vaya más alto y más ancho en su comprensión de los misterios de Dios.

¡Cuán grandes son tus obras, oh Jehová!
Muy profundos son tus pensamientos.

—Salmo 92:5

Pero Dios nos las reveló a nosotros por el Espíritu; porque el Espíritu todo lo escudriña, aun lo profundo de Dios.

—1 Corintios 2:10

Los profetas aman a los bebés.

Aunque a los profetas les encanta cuando los santos maduran, también aman a los bebés. Los profetas tienen un corazón para los bebés (los que son como niños, los inexpertos y sin instrucción). Los bebés son aquellos que tienen la fe de un niño. Los bebés son humildes.

Es mucho más fácil tratar con los bebés que con algunas personas que llevan años en la iglesia. Los bebés se emocionan con las cosas nuevas del Espíritu. A los profetas les encanta la inocencia, la pureza y la fe infantil.

En aquella misma hora Jesús se regocijó en el Espíritu, y dijo: Yo te alabo, oh Padre, Señor del cielo y de la tierra, porque escondiste estas cosas de los sabios y entendidos, y las has revelado a los niños. Sí, Padre, porque así te agradó.

—Lucas 10:21

Los profetas aman a los fieles.

Los profetas buscan a los fieles. Los profetas aman la fidelidad. Los fieles son aquellos que están firmes con Dios. Son los que sirven a Dios sin transigir. Los profetas sufren cuando no hay fidelidad.

Los profetas animan a los fieles. Les recuerdan a los fieles las bendiciones de Dios y su fidelidad para con ellos. Animan a los fieles a que sigan adelante a pesar de cualquier obstáculo y persecución. Los profetas predicarán fidelidad.

Salva, oh Jehová, porque se acabaron los piadosos;
Porque han desaparecido los fieles de entre los hijos de los
hombres.

—Salmo 12:1

El hombre de verdad tendrá muchas bendiciones;
Mas el que se apresura a enriquecerse no será sin culpa.

—Proverbios 28:20

No temas en nada lo que vas a padecer. He aquí, el diablo echará a algunos de vosotros en la cárcel, para que seáis probados, y tendréis tribulación por diez días. Sé fiel hasta la muerte, y yo te daré la corona de la vida.

—Apocalipsis 2:10

LO QUE LOS PROFETAS DETESTAN
Los profetas detestan la injusticia y la hipocresía.

¿Qué pensáis vosotros que majáis mi pueblo y moléis las caras de los pobres? dice el Señor, Jehová de los ejércitos…

—Isaías 3:15

¡Ay de vosotros, escribas y fariseos, hipócritas! porque devoráis las casas de las viudas, y como pretexto hacéis largas oraciones; por esto recibiréis mayor condenación…

—Mateo 23:14

Los profetas detestan la truhanería.

La corrupción no es suya; de sus hijos es la mancha,
Generación torcida y perversa.

—DEUTERONOMIO 32:5

Lo torcido no se puede enderezar, y lo incompleto no puede
contarse.

—ECLESIASTÉS 1:15

No conocieron camino de paz, ni hay justicia en sus caminos;
sus veredas son torcidas; cualquiera que por ellas fuere, no
conocerá paz.

—ISAÍAS 59:8

Los profetas detestan la transigencia.

Ven las cosas en blanco y negro. No hay zonas grises para los profetas. Detestan la mezcla. A menudo se buscan problemas por su posición.

Efraín se ha mezclado con los demás pueblos; Efraín fue torta
no volteada.

—OSEAS 7:8

Los profetas prefieren caminar solos que transigir. Pero en realidad
nunca están solos porque son amigos de Dios.

Mirad a Abraham vuestro padre, y a Sara que os dio a luz; porque cuando no era más que uno solo lo llamé, y lo bendije y lo
multipliqué...

—ISAÍAS 51:2

Los profetas detestan la mezcla.

Mezclas como...

- La ley y la gracia
- La justicia y la injusticia
- La carne y el Espíritu
- La verdad y la tradición
- La iglesia y el mundo
- La luz y la oscuridad

- Lo limpio y lo inmundo

...son asquerosas para los profetas.

Tu plata se ha convertido en escorias, tu vino está mezclado con agua.

—Isaías 1:22

Los cuales sirven a lo que es figura y sombra de las cosas celestiales, como se le advirtió a Moisés cuando iba a erigir el tabernáculo, diciéndole: Mira, haz todas las cosas conforme al modelo que se te ha mostrado en el monte.

—Hebreos 8:5

Porque la ley, teniendo la sombra de los bienes venideros, no la imagen misma de las cosas, nunca puede, por los mismos sacrificios que se ofrecen continuamente cada año, hacer perfectos a los que se acercan.

—Hebreos 10:1

¿Acaso alguna fuente echa por una misma abertura agua dulce y amarga?

—Santiago 3:11

Los profetas detestan la piedad sin poder.

Tendrán apariencia de piedad, pero negarán la eficacia de ella; a éstos evita.

—2 Timoteo 3:5

Los profetas detestan las tradiciones de los hombres.

Los profetas detestan las tradiciones de los hombres que anulan la Palabra de Dios. Los profetas se oponen a cualquier cosa que impida que el pueblo de Dios le obedezca, incluyendo la tradición. Los profetas se opondrán a estas tradiciones y advierten a las personas de los peligros de la tradición religiosa.

Respondiendo él, les dijo: ¿Por qué también vosotros quebrantáis el mandamiento de Dios por vuestra tradición?

—Mateo 15:3

invalidando la palabra de Dios con vuestra tradición que habéis transmitido. Y muchas cosas hacéis semejantes a estas.

—Marcos 7:13

Mirad que nadie os engañe por medio de filosofías y huecas sutilezas, según las tradiciones de los hombres, conforme a los rudimentos del mundo, y no según Cristo.

—Colosenses 2:8

Los profetas detestan el control religioso.

No está bien que los líderes usen la profecía para pronunciar juicios (augurios) sobre las personas porque no están de acuerdo con ellos. Esto es una manifestación de control y los verdaderos profetas se pronunciarán contra esto. Los profetas no manipulan ni controlan a la gente mediante una palabra. Esto es injusto y afligirá y enojará a un verdadero profeta.

No hay lugar para la brusquedad y la arrogancia en el ministerio profético. Los profetas pueden ser firmes pero todas las cosas deben hacerse con amor. No hay lugar para el control, la manipulación y la dominación en el ministerio profético.

Si yo hablase lenguas humanas y angélicas, y no tengo amor, vengo a ser como metal que resuena, o címbalo que retiñe. Y si tuviese profecía, y entendiese todos los misterios y toda ciencia, y si tuviese toda la fe, de tal manera que trasladase los montes, y no tengo amor, nada soy.

—1 Corintios 13:1–2

No hace nada indebido, no busca lo suyo, no se irrita, no guarda rencor.

—1 Corintios 13:5

Los profetas detestan la brujería.

La brujería es una obra de la carne y también es un demonio. A brujería es dominación, intimidación, manipulación, encantamiento, hechizos, acosos y legalismo. Los profetas la discernirán y la desafiarán.

Asimismo destruiré de tu mano las hechicerías, y no se hallarán en ti agoreros.

—Miqueas 5:12

Los profetas desarrollan un odio perfecto hacia el mal y la maldad.

¿No odio, oh Jehová, a los que te aborrecen,
y me enardezco contra tus enemigos?
Los aborrezco por completo;
Los tengo por enemigos.
Examíname, oh Dios, y conoce mi corazón;
Pruébame y conoce mis pensamientos.

—Salmo 139:21–23

Has amado la justicia, y aborrecido la maldad,
Por lo cual te ungió Dios, el Dios tuyo,
Con óleo de alegría más que a tus compañeros.

—Hebreos 1:9

Los profetas detestan mantener cosas.
Si les das algo para mantener, querrán mejorarlo, cambiarlo, renovarlo, agrandarlo o simplemente lo dejarán. Los profetas no habitan en iglesias que solo mantienen y no cambian, mejoran ni crecen.

Los profetas detestan la "sanidad con liviandad".
Los profetas no creen en poner una curita sobre una herida profunda. No digas "todo bien" cuando no lo está.

Y curan la herida de mi pueblo con liviandad, diciendo: Paz, paz; y no hay paz.

—Jeremías 6:14

Los profetas detestan la ignorancia.
Lo que realmente molesta a un profeta es cuando la gente rechaza el conocimiento. Esto incluye el liderazgo, las iglesias y los ministerios que rechazan la verdad y se niegan a crecer en conocimiento. El conocimiento de Dios es importante para los profetas.

Por tanto, mi pueblo fue llevado cautivo, porque no tuvo conocimiento; y su gloria pereció de hambre, y su multitud se secó
de sed.

—Isaías 5:13

Mi pueblo fue destruido, porque le faltó conocimiento. Por
cuanto desechaste el conocimiento, yo te echaré del sacerdocio;
y porque olvidaste la ley de tu Dios, también yo me olvidaré de
tus hijos.

—Oseas 4:6

Los profetas detestan lo dicho de dientes para afuera.

Hablar de los dientes para afuera es una expresión verbal de acep-
tación o alianza que no tiene el apoyo de una convicción o acción real;
es un respeto hipócrita. Los profetas detestan cuando la gente habla,
pero no actúa.

Este pueblo de labios me honra;
Mas su corazón está lejos de mí...

—Mateo 15:8

Así que, todo lo que os digan que guardéis, guardadlo y hacedlo;
mas no hagáis conforme a sus obras, porque dicen, y no hacen.

—Mateo 23:3

¿Por qué me llamáis, Señor, Señor, y no hacéis lo que yo digo?

—Lucas 6:46

Los profetas detestan la adulación.

La adulación es una alabanza excesiva y no sincera, sobre todo para
fomentar los intereses de la persona. Los profetas no adulan. Los profetas dicen la verdad. Los profetas no vienen para adularte.

Habla mentira cada uno con su prójimo;
Hablan con labios lisonjeros, y con doblez de corazón.

—Salmo 12:2

Porque no habrá más visión vana, ni habrá adivinación de
lisonjeros en medio de la casa de Israel...

—Ezequiel 12:24

Los profetas detestan el respeto de las personas.

Esto sí que molesta a los profetas.

No hagáis distinción de persona en el juicio; así al pequeño como al grande oiréis; no tendréis temor de ninguno, porque el juicio es de Dios; y la causa que os fuere difícil, la traeréis a mí, y yo la oiré.

—Deuteronomio 1:17

Hermanos míos, que vuestra fe en nuestro glorioso Señor Jesucristo sea sin acepción de personas…

—Santiago 2:1

pero si hacéis acepción de personas, cometéis pecado, y quedáis convictos por la ley como transgresores.

—Santiago 2:9

Los profetas detestan el robo.

Jesús sacó a los ladrones del templo. Esa es la ira del profeta. Los profetas detestan cuando el templo se convierte en un lugar de comercio. Esto realmente molesta a los profetas. Los profetas quieren a los ladrones fuera del templo. Detestan el robo y el atraco.

¡Ay de ti, ciudad sanguinaria, toda llena de mentira y de rapiña, sin apartarte del pillaje!

—Nahúm 3:1

y les dijo: Escrito está: Mi casa, casa de oración será llamada; mas vosotros la habéis hecho cueva de ladrones.

—Mateo 21:13

Los profetas detestan la calumnia.

La calumnia es otra cosa que molesta a los profetas. El chisme, hablar mal de otros, los rumores y la soplonería son pecados que hay que denunciar y detener. Los profetas pueden escuchar la calumnia y el consejo secreto de los malvados. Detestan la calumnia contra los líderes de Dios, los que Él ha nombrado. Los profetas denunciarán la calumnia. La calumnia ha destruido ministerios, iglesias, líderes y mucho más.

Porque oigo la calumnia de muchos;
El miedo me asalta por todas partes,
Mientras consultan juntos contra mí
E idean quitarme la vida.

—SALMO 31:13

Todos ellos son rebeldes, porfiados, andan chismeando; son bronce y hierro; todos ellos son corruptores...

—JEREMÍAS 6:28

Guárdese cada uno de su compañero, y en ningún hermano tenga confianza; porque todo hermano engaña con falacia, y todo compañero anda calumniando...

—JEREMÍAS 9:4

La calumnia ha causado mucho daño a los líderes, las iglesias, las personas y las relaciones. Es un mal que debe ser arrancado de raíz. Los profetas pueden detectar la calumnia, orar en su contra y ayudar a arrancarla. La calumnia y el hablar mal reflejan el estado del corazón. De la abundancia del corazón habla la boca. La gente mala no puede hablar cosas buenas. Los profetas se preguntan por qué esto les molesta tanto. La respuesta está en porque es algo malo.

Tu boca metías en mal,
Y tu lengua componía engaño.
Tomabas asiento, y hablabas contra tu hermano;
Contra el hijo de tu madre ponías infamia...

—SALMO 50:19–20

Y la lengua es un fuego, un mundo de maldad. La lengua está puesta entre nuestros miembros, y contamina todo el cuerpo, e inflama la rueda de la creación, y ella misma es inflamada por el infierno.

—SANTIAGO 3:6

El hombre perverso levanta contienda,
Y el chismoso aparta a los mejores amigos.

—PROVERBIOS 16:28

Los profetas detestan la religión vacía.

Desafían a la iglesia cuando se aleja del poder de Dios y lo reemplaza con la agenda del hombre, con la fuerza humana y la visión terrenal.

Los profetas detestan cuando se blasfema el nombre del Señor.

Blasfemar significa deshonrar e insultar. A los profetas les apasiona que el nombre del Señor sea honrado y exaltado.

> ¿Hasta cuándo, oh Dios, nos afrentará el angustiador?
> ¿Ha de blasfemar el enemigo perpetuamente tu nombre?
> —SALMO 74:10

> Acuérdate de esto: que el enemigo ha afrentado a Jehová,
> Y pueblo insensato ha blasfemado tu nombre...
> —SALMO 74:18

> Y ahora ¿qué hago aquí, dice Jehová, ya que mi pueblo es llevado injustamente? Y los que en él se enseñorean, lo hacen aullar, dice Jehová, y continuamente es blasfemado mi nombre todo el día.
> —ISAÍAS 52:5

> Porque como está escrito, el nombre de Dios es blasfemado entre los gentiles por causa de vosotros.
> —ROMANOS 2:24

> ¿No blasfeman ellos el buen nombre que fue invocado sobre vosotros?
> —SANTIAGO 2:7

Los profetas detestan el falso discipulado.

Dicho con otras palabras, los profetas detestan cuando los líderes hacen que las personas se conviertan en sus discípulos y no en discípulos de Cristo.

> ¡Ay de vosotros, escribas y fariseos, hipócritas! porque recorréis mar y tierra para hacer un prosélito, y una vez hecho, le hacéis dos veces más hijo del infierno que vosotros.
> —MATEO 23:15

Los profetas detestan lo falso.

Una parte del ministerio del profeta es discernir lo verdadero de lo falso. Los profetas detestan la mentira y el engaño.

Los falsos profetas son avaros. Los verdaderos profetas detestan la avaricia.

Los falsos profetas son codiciosos. Los verdaderos profetas detestan la codicia.

Los falsos profetas son abusivos. Los verdaderos profetas detestan el abuso.

Los falsos profetas son controladores. Los verdaderos profetas detestan el control.

Los falsos profetas son arrogantes. Los verdaderos son humildes.

Los falsos profetas no pueden producir buen fruto. Los verdaderos profetas buscan fruto.

Los falsos profetas son engañosos. Los verdaderos profetas disciernen el engaño.

> Guardaos de los falsos profetas, que vienen a vosotros con vestidos de ovejas, pero por dentro son lobos rapaces. Por sus frutos los conoceréis. ¿Acaso se recogen uvas de los espinos, o higos de los abrojos?
>
> —MATEO 7:15–16

> Pues toleráis si alguno os esclaviza, si alguno os devora, si alguno toma lo vuestro, si alguno se enaltece, si alguno os da de bofetadas.
>
> —2 CORINTIOS 11:20

Los profetas no toleran a los falsos pastores, los falsos apóstoles, los falsos profetas, los falsos maestros, los falsos obispos, los falsos hermanos, los falsos acusadores ni los falsos testigos. La falsa doctrina realmente molesta a los profetas.

Los profetas no toleran a los falsos ministerios. Estos fastidian y molestan a los profetas. Los profetas quieren rescatar a las personas de los falsos ministerios. Un profeta te dirá que "vayas". Un profeta te ayudará a salir.

> El prevaricar y mentir contra Jehová, y el apartarse de en pos de nuestro Dios; el hablar calumnia y rebelión, concebir y proferir de corazón palabras de mentira...
>
> —ISAÍAS 59:13

Ovejas perdidas fueron mi pueblo; sus pastores las hicieron errar, por los montes las descarriaron; anduvieron de monte en collado, y se olvidaron de sus rediles.

—Jeremías 50:6

Hijo de hombre, profetiza contra los pastores de Israel; profetiza, y di a los pastores: Así ha dicho Jehová el Señor: ¡Ay de los pastores de Israel, que se apacientan a sí mismos! ¿No apacientan los pastores a los rebaños?

—Ezequiel 34:2

LO QUE DESEAN LOS PROFETAS

Los profetas desean una demostración del Espíritu y de poder.
A los profetas no les impresionan las palabras seductoras de sabiduría humana. Los profetas quieren un mover del Espíritu con demostración y poder. Las doctrinas y filosofías del hombre no impresionan a los profetas. Los profetas desean palabras que liberen poder, sanidad, liberación y milagros.

Y ni mi palabra ni mi predicación fue con palabras persuasivas de humana sabiduría, sino con demostración del Espíritu y de poder.

—1 Corintios 2:4

Los profetas quieren ver el poder y la gloria de Dios.
Para ver tu poder y tu gloria,
Así como te he mirado en el santuario.

—Salmo 63:2

David fue profeta. Puedes aprender sobre el corazón de un profeta al estudiar a David. El deseo de David era ver el poder y la gloria de Dios. David anhelaba la presencia de Dios. Los profetas disfrutan un estilo de vida de poder y gloria.

Los profetas quieren que todos experimenten el poder y la gloria de Dios. Ellos claman: "¡Muéstrame tu gloria!".

El entonces dijo: Te ruego que me muestres tu gloria...

—Éxodo 33:18

En el año que murió el rey Uzías vi yo al Señor sentado sobre
un trono alto y sublime, y sus faldas llenaban el templo.

—Isaías 6:1

Los profetas desean contemplar la belleza del Señor.

Una cosa he demandado a Jehová, ésta buscaré;
Que esté yo en la casa de Jehová todos los días de mi vida,
Para contemplar la hermosura de Jehová, y para inquirir en su
templo.

—Salmo 27:4

Los profetas aman la belleza de Dios. Quieren que todo el mundo
experimente su belleza. La belleza de Dios es su perfección y su gloria.
Este era el deseo de David quien fue profeta.

Los profetas desean los juicios del Señor.

El temor de Jehová es limpio, que permanece para siempre;
Los juicios de Jehová son verdad, todos justos.
Deseables son más que el oro, y más que mucho oro afinado;
Y dulces más que miel, y que la que destila del panal.

—Salmo 19:9–10

Los profetas aman el temor del Señor y los juicios (ordenanzas) del
Señor. Los desean más que al oro. Son más dulces que la miel. Los profetas buscan y ahondan en los juicios (ordenanzas) de Dios. Los juicios
de Dios son "abismo grande".

Tu justicia es como los montes de Dios,
Tus juicios, abismo grande.
Oh Jehová, al hombre y al animal conservas.

—Salmo 36:6

Los profetas desean la verdad en lo íntimo.

He aquí, tú amas la verdad en lo íntimo,
Y en lo secreto me has hecho comprender sabiduría.

—Salmo 51:6

Los profetas quieren la verdad en lo íntimo. Lo íntimo de un hombre es el enfoque del profeta. Los profetas quieren lo que Dios quiere.

Los profetas desean conocer la voluntad de Dios.

> Por lo cual también nosotros, desde el día que lo oímos, no cesamos de orar por vosotros, y de pedir que seáis llenos del conocimiento de su voluntad en toda sabiduría e inteligencia espiritual.
>
> —Colosenses 1:9

Los profetas desean conocer la voluntad de Dios. Quieren ser llenos de sabiduría y entendimiento de su voluntad. Quieren que el pueblo de Dios conozca su voluntad y sea lleno de sabiduría y entendimiento espiritual.

Los profetas desean una devoción a Cristo sincera y pura.

Los profetas desean una devoción a Cristo sincera y pura. No quieren ver que el pueblo de Dios adultera la simplicidad de Cristo. Simplicidad es sinceridad. Los profetas quieren ver una devoción a Cristo incorrupta.

> Pero temo que como la serpiente con su astucia engañó a Eva, vuestros sentidos sean de alguna manera extraviados de la sincera fidelidad a Cristo.
>
> —2 Corintios 11:3

Los profetas quieren ver a Dios complacido.

A los profetas les duele cuando Dios no está complacido. Los profetas se regocijan cuando Dios está complacido. Los profetas revelarán lo que agrada a Dios y lo que no.

> Pero de los más de ellos no se agradó Dios; por lo cual quedaron postrados en el desierto.
>
> —1 Corintios 10:5

> Por lo demás, hermanos, os rogamos y exhortamos en el Señor Jesús, que de la manera que aprendisteis de nosotros cómo os conviene conduciros y agradar a Dios, así abundéis más y más…
>
> —1 Tesalonicenses 4:1

4

LAS RECOMPENSAS DE UN PROFETA

El que recibe a un profeta por cuanto es profeta,
recompensa de profeta recibirá; y el que recibe a un justo
por cuanto es justo, recompensa de justo recibirá.
—MATEO 10:41

AMO A LOS profetas. Los profetas son especiales. Hace años Dios me dijo que fuera amigo de los profetas. Es por eso que los amo y los bendigo. Se libera bendición cuando uno bendice a los profetas. Este capítulo trata sobre las bendiciones y beneficios que Dios derrama sobre tu vida cuando recibes el ministerio de un profeta.

Dios recompensa a los que reciben y bendicen a los profetas. Los que son hospitalarios para con los profetas reciben la atención de Dios. El trato hacia un profeta es una señal del corazón de la persona para con Dios. Los profetas son representativos. Rechazar a los profetas es equivalente a rechazar a Dios. El favor, la bendición, la promoción y el avance financiero son algunas de las bendiciones que vienen a tu vida cuando recibes a un profeta de Dios.

En este capítulo voy a ampliar sobre la recompensa que puedes recibir al recibir el ministerio de los profetas.

ÁNIMO

Los profetas dan mucho ánimo. A los profetas les encanta animar a otros. Esta es una de las tareas de los profetas. Animarán a las personas que otros han olvidado. Si necesitas ánimo, reúnete con profetas.

En Hechos 4:36, se llama a Bernabé "hijo de consolación". Algunas traducciones le dicen "hijo de ánimo". Las palabras en estos versículos para consolación, ánimo, están tan relacionadas que en realidad pueden traducirse de manera intercambiable.

> Josué hijo de Nun, el cual te sirve, él entrará allá; anímale, porque él la hará heredar a Israel.
> —DEUTERONOMIO 1:38

> Y Judas y Silas, como ellos también eran profetas, consolaron y confirmaron a los hermanos con abundancia de palabras.
> —HECHOS 15:32

Los profetas dan ánimo mediante la profecía, el canto, la predicación, la enseñanza y la consejería.

Los profetas te animan a buscar a Dios y no a los hechiceros.

Busca a Dios. No busques hechiceros que ojean y murmuran. No busques a los que tienen espíritus familiares. Este es el clamor del profeta.

Ni encantador, ni adivino, ni mago, ni quien consulte a los muertos. Porque es abominación para con Jehová cualquiera que hace estas cosas, y por estas abominaciones Jehová tu Dios echa estas naciones de delante de ti...

—Deuteronomio 18:11–12

Y si os dijeren: Preguntad a los encantadores y a los adivinos, que susurran hablando, responded: ¿No consultará el pueblo a su Dios? ¿Consultará a los muertos por los vivos?

—Isaías 8:19

Los profetas hablan al cansado y lo animan.

A los profetas les encanta ministrar al cansado. Los profetas han sido llamados y enviados a los cansados. Los profetas tienen compasión y amor por el cansado. Los profetas dan ánimo al cansado. Refrescan al que está agotado. Si estás cansado y agotado, necesitas reunirte con profetas.

Los profetas pueden identificar el cansancio y el desánimo rápidamente. Son sensibles a esto. Los cansados son los tristes, los agotados, los débiles y desanimados.

Jehová el Señor me dio lengua de sabios, para saber hablar palabras al cansado; despertará mañana tras mañana, despertará mi oído para que oiga como los sabios.

—Isaías 50:4

Se necesita a los profetas cuando hay debilidad y desánimo.

Los judíos estaban débiles y desanimados cuando estaban reconstruyendo el templo. Dios levantó a Hageo y a Zacarías para animarles y fortalecerles. Pudieron terminar la obra con la ayuda de los profetas.

Profetizaron Hageo y Zacarías hijo de Iddo, ambos profetas, a los judíos que estaban en Judá y en Jerusalén en el nombre del Dios de Israel quien estaba sobre ellos. Entonces se levantaron Zorobabel hijo de Salatiel y Jesúa hijo de Josadac, y comenzaron a reedificar la casa de Dios que estaba en Jerusalén; y con ellos los profetas de Dios que les ayudaban.... Y los ancianos de los judíos edificaban y prosperaban, conforme a la profecía del profeta Hageo y de Zacarías hijo de Iddo. Edificaron, pues, y terminaron, por orden del Dios de Israel, y por mandato de Ciro, de Darío, y de Artajerjes rey de Persia. Esta casa fue terminada el tercer día del mes de Adar, que era el sexto año del reinado del rey Darío.

—ESDRAS 5:1–2; 6:14–15

CONVICCIÓN

Los profetas conocen el poder de la convicción. Isaías sintió convicción cuando vio la gloria del Señor (Isaías 6:5–7). David sintió convicción cuando el profeta Natán lo desafió. Sin convicción no hay cambio. La convicción es la gracia del profeta. Sus palabras producen convicción de pecado. Ellos funcionan con el poder de la convicción.

Al oír esto, se compungieron de corazón, y dijeron a Pedro y a los otros apóstoles: Varones hermanos, ¿qué haremos?

—HECHOS 2:37

Pero si todos profetizan, y entra algún incrédulo o indocto, por todos es convencido, por todos es juzgado.

—1 CORINTIOS 14:24

ESPERANZA

Los profetas producen esperanza. Los profetas pueden llegar a una situación desesperanzada y profetizar un cambio. Los profetas pueden ver más allá de la desesperanza. Pueden ver la restauración. Pueden ver el cambio. Elías fue enviado a una situación desesperanzada cuando visitó a la viuda de Sarepta, y provocó que ella recibiera un milagro y un cambio. Si te sientes desesperanzado, reúnete con profetas.

Me dijo luego: Hijo de hombre, todos estos huesos son la casa de Israel. He aquí, ellos dicen: Nuestros huesos se secaron, y pereció nuestra esperanza, y somos del todo destruidos. Por

tanto, profetiza, y diles: Así ha dicho Jehová el Señor: He aquí
yo abro vuestros sepulcros, pueblo mío, y os haré subir de vuestras sepulturas, y os traeré a la tierra de Israel.

—Ezequiel 37:11–12

Los profetas profetizan la intervención divina.

Dios interviene en los asuntos de los hombres. La oración produce su intervención. Él interviene con juicio, salvación y liberación. Los
profetas profetizan su intervención.

Oh, si rompieses los cielos, y descendieras, y a tu presencia se
escurriesen los montes.

—Isaías 64:1

CONFIRMACIÓN

Los profetas traen confirmación. A los profetas les encanta la confirmación. Les gusta mucho decir: "Esto viene de Dios". Cualquier cosa
que Dios hace puede confirmarse. Confirmar significa establecer la
verdad o exactitud de algo. Los profetas validan. Las iglesias necesitan
validación. Las personas necesitan validación. No es la validación de
los hombres sino la validación de Dios.

Y Judas y Silas, como ellos también eran profetas, consolaron
y confirmaron a los hermanos con abundancia de palabras…

—Hechos 15:32

Los profetas saben cuándo "no viene de Dios".

REVELACIÓN

Los profetas imparten. Los presbíteros son ancianos que profetizan. El
liderazgo de la iglesia debiera ser profético. Timoteo recibió un don
mediante la imposición de manos de los ancianos con profecía. Cuando los profetas son parte de las ordenaciones, hay una poderosa liberación de gracia y de dones. Los profetas no solo tienen la ceremonia,
tienen servicios que cambian vidas. Si quieren ordenaciones poderosas,
incluyen a los profetas.

No descuides el don que hay en ti, que te fue dado mediante
profecía con la imposición de las manos del presbiterio.

—1 Timoteo 4:14

ALERTA ANTICIPADA

Un sistema de alerta anticipada es una condición, un sistema o serie de procedimientos que indican el posible desarrollo o un problema inminente; una red de sensores como satélites o radares que detectan un ataque enemigo a tiempo para tomar medidas defensivas o contraofensivas. Los profetas pueden ver los problemas antes de que lleguen y pueden advertirnos de peligro o juicio inminentes. Son el sistema de alerta anticipada de la iglesia.

Entonces el rey de Israel envió a aquel lugar que el varón de Dios había dicho; y así lo hizo una y otra vez con el fin de cuidarse.
—2 REYES 6:10

Hijo de hombre, yo te he puesto por atalaya a la casa de Israel; oirás, pues, tú la palabra de mi boca, y los amonestarás de mi parte.
—EZEQUIEL 3:17

Los profetas son las trompetas de Dios.

La voz del profeta es una trompeta. Dios ha llamado a sus profetas a ser trompetas. Los profetas son la trompeta de Dios. Las trompetas no pueden emitir ningún sonido sin el aliento que sopla por ellas y la palabra griega que se traduce tanto Espíritu como viento en la Biblia es *pneuma*, que significa viento, aire y aliento. El aliento santo de Dios, el Espíritu de Dios se mueve a través de los profetas cuando hablan.

Las trompetas se usaban para reunir y advertir. Las trompetas anuncian nuevas estaciones. Tienen que dar un sonido claro para que la gente sepa lo que está anunciándose. Cuando las personas escuchen la trompeta, responderán. La voz de Dios es como una trompeta. Una trompeta se conoce por la claridad de su sonido.

Subió Dios con júbilo, Jehová con sonido de trompeta.
—SALMO 47:5

Tocad la trompeta en la nueva luna,
En el día señalado, en el día de nuestra fiesta solemne.
—SALMO 81:3

Tocad trompeta en Sion, proclamad ayuno, convocad asamblea.
—JOEL 2:15

Los profetas escuchan la alarma y la hacen sonar.

Las alarmas se suenan cuando hay un peligro inminente. Los profetas son alarmas. Son los despertadores de la iglesia. Los relojes despertadores son necesarios para despertar a los que duermen.

Tocad trompeta en Sion, y dad alarma en mi santo monte; tiemblen todos los moradores de la tierra, porque viene el día de Jehová, porque está cercano.

—JOEL 2:1

No hay remedio si rechazas las advertencias de los profetas.

Un remedio es algo que corrige el mal, un fallo o un error.

Mas ellos hacían escarnio de los mensajeros de Dios, y menospreciaban sus palabras, burlándose de sus profetas, hasta que subió la ira de Jehová contra su pueblo, y no hubo ya remedio.

—2 CRÓNICAS 36:16

El hombre que reprendido endurece la cerviz,
De repente será quebrantado, y no habrá para él medicina.

—PROVERBIOS 29:1

La esposa de Pilato

La esposa de Poncio Pilato tuvo un sueño sobre Cristo y advirtió a Pilato que no tuviera nada que ver con Jesús, un hombre justo. Dios puede usar los sueños para advertirnos. Pilato no prestó atención al sueño de su esposa sino que entregó a Jesús a los judíos para que fuera crucificado.

Y estando él sentado en el tribunal, su mujer le mandó decir: No tengas nada que ver con ese justo; porque hoy he padecido mucho en sueños por causa de él.

—MATEO 27:19

Pilato fue culpable porque se le advirtió. Él sabía que Cristo era inocente. Sabía que se lo entregaron por envidia. Pero le importó más complacer a la turba que hacer lo correcto.

Pilato es un ejemplo de alguien a quien se le hace una advertencia, pero hace lo contrario. Pilato aparece junto a Herodes, los gentiles y la gente de Israel que se unieron en contra de Cristo. Se le clasificó como enemigo de Cristo.

Porque verdaderamente se unieron en esta ciudad contra tu santo Hijo Jesús, a quien ungiste, Herodes y Poncio Pilato, con los gentiles y el pueblo de Israel.

—HECHOS 4:27

La historia de Pilato es trágica. Muestra la tragedia de no tener el valor de prestar atención a una advertencia. No ignores las advertencias. Una advertencia puede salvar tu vida e impedir que hagas algo trágico.

GUARDAR Y PROTEGER

Y por un profeta Jehová hizo subir a Israel de Egipto, y por un profeta fue guardado.

—OSEAS 12:13

Los profetas guardan y protegen. Dios usa a los profetas para guiar a su pueblo y protegerlos. Los profetas son muy protectores de aquellos a quienes han sido asignados.

Oseas 12:13 nos revela que una de las funciones principales del ministerio del profeta es guardar: "Y por un profeta Jehová hizo subir a Israel de Egipto, y por un profeta fue guardado". Israel fue librado de Egipto mediante el ministerio de Moisés. Israel fue guardado mediante la intercesión de Moisés (Números 14:11–20).

Preservar significa alejar del peligro, del daño o del mal. También significa proteger o salvar. En hebreo la raíz es *shamar*. Shamar significa rodear (como con púas), guardar, proteger, velar, cuidar. La palabra *shamar* se usó primero en la Escritura en Génesis 2:15, donde se le dice a Adán que cuide (*shamar*) el huerto. También se menciona en Génesis 4:9, donde Caín pregunta a Dios si él es guarda de su hermano (*shamar*).

Esta palabra *shamar* hace énfasis en el elemento protector del manto del profeta. El aspecto protector y conservador del ministerio del profeta se necesita en toda iglesia local. Muchos pastores bien intencionados han sufrido innecesariamente debido a la falta de comprensión de este aspecto del ministerio del profeta. El aspecto *shamar* del ministerio del profeta es uno de los más importantes y beneficiará grandemente a la iglesia.

La iglesia local se mantiene segura mediante la intercesión profética, el discernimiento profético, la predicación profética, la enseñanza profética y la adoración profética. Así es como mejor se defiende la iglesia. Sin una revelación del aspecto *shamar* del ministerio profético, una iglesia local sufrirá muchos ataques que pueden ser evitados.

UN LLAMADO A UN LUGAR MÁS ALTO

Los profetas nos llaman a la montaña. Nos llaman a subir. Nos llaman a ascender. La montaña es Sión. Es la montaña de Dios. Es el lugar de la presencia y dominio de Dios. Es el lugar de la gloria. Es el lugar de santidad. Es el lugar de la enseñanza y la revelación. Los profetas nos desafían a dejar los lugares bajos de la carne y venir al lugar alto del Espíritu.

Llamarán a los pueblos a su monte;
Allí sacrificarán sacrificios de justicia,
Por lo cual chuparán la abundancia de los mares,
Y los tesoros escondidos de la arena.

—DEUTERONOMIO 33:19

Y vendrán muchos pueblos, y dirán: Venid, y subamos al monte de Jehová, a la casa del Dios de Jacob; y nos enseñará sus caminos, y caminaremos por sus sendas. Porque de Sion saldrá la ley, y de Jerusalén la palabra de Jehová.

—ISAÍAS 2:3

CRECIMIENTO

Los profetas nos llevan al límite. Los profetas desafiarán la iglesia en el aspecto de la fe. Los profetas animarán a los santos para que "crean a Dios para grandes cosas". Los profetas detestan la duda y la incredulidad. Hablan de cosas que requieren que creas. Ellos llevan tu fe al límite con la Palabra del Señor.

Profetas pueden hablar cosas que a veces son difíciles de creer. El profeta nos traslada a las áreas que son imposible para el hombre, pero posibles para Dios. Dios usa profetas para llevarnos más allá de nuestros niveles de confort.

Los profetas a veces dirán palabras que parecen tan imposibles al punto que ellos mismos dirán: "¿fue eso lo que acabo de decir?".

Los profetas nos ayudan a pasar por el castigo (la corrección) de Dios.

La disciplina de Dios es importante para los profetas. Los profetas levantan las manos caídas y fortalecen las rodillas debilitadas. Todos necesitamos aliento cuando estamos pasando por la corrección. Los profetas son buenos para ayudarnos a soportar la corrección de Dios en nuestras vidas.

Es verdad que ninguna disciplina al presente parece ser causa de gozo, sino de tristeza; pero después da fruto apacible de justicia a los que en ella han sido ejercitados. Por lo cual, levantad las manos caídas y las rodillas paralizadas; y haced sendas derechas para vuestros pies, para que lo cojo no se salga del camino, sino que sea sanado.

—Hebreos 12:11–13

Yo reprendo y castigo a todos los que amo; sé, pues, celoso, y arrepiéntete...

—Apocalipsis 3:19

Los profetas nos desafían a tomar una decisión.

Elías preguntó a Israel: "¿Hasta cuándo se debatirán entre dos pensamientos?". Elías los desafió a tomar una decisión. Un hombre de doble ánimo es inestable en todo (Santiago 1:8).

A los cielos y a la tierra llamo por testigos hoy contra vosotros, que os he puesto delante la vida y la muerte, la bendición y la maldición; escoge, pues, la vida, para que vivas tú y tu descendencia.

—Deuteronomio 30:19

Y acercándose Elías a todo el pueblo, dijo: ¿Hasta cuándo claudicaréis vosotros entre dos pensamientos? Si Jehová es Dios, seguidle; y si Baal, id en pos de él. Y el pueblo no respondió palabra.

—1 Reyes 18:21

Acercaos a Dios, y él se acercará a vosotros. Pecadores, limpiad las manos; y vosotros los de doble ánimo, purificad vuestros corazones.

—Santiago 4:8

Los profetas desafían nuestra zona de comodidad.

Amos dio una palabra a los que estaban a gusto en Sión. Estaban cómodos en su pecado y rebelión. Se sentían seguros en su desobediencia. Estaban viviendo una vida fácil y sin ninguna preocupación por otros que estaban pisoteados y oprimidos.

¡Ay de los reposados en Sion, y de los confiados en el monte de Samaria, los notables y principales entre las naciones, a los cuales acude la casa de Israel!

—Amós 6:1

Duermen en camas de marfil, y reposan sobre sus lechos; y comen los corderos del rebaño, y los novillos de en medio del engordadero.

—Amós 6:4

PREVISIÓN

Los profetas pueden ver el fin desde el principio. Los profetas saben adónde se dirigen las personas, iglesias, ciudades y naciones en base a sus decisiones. Ellos sabrán el final. Ellos sabrán hacia dónde vas tú. Sabrán adónde te diriges. Ellos animan y advierten a la gente a tomar las decisiones correctas para que su final pueda ser bendecido. Ellos tratan de hacerte volver si te estás dirigiendo a un mal final.

Que anuncio lo por venir desde el principio, y desde la antigüedad lo que aún no era hecho; que digo: Mi consejo permanecerá, y haré todo lo que quiero.

—Isaías 46:10

Antes de que Dios actúe, lo muestra a sus profetas. Los profetas lo verán y orarán antes de que suceda. Esto es el cielo obrando en la tierra.

Porque no hará nada Jehová el Señor, sin que revele su secreto a sus siervos los profetas.

—Amos 3:7

Los profetas nos ayudan a mantenernos preparados para el futuro.

El futuro no es nuestro enemigo. Los profetas nos ayudan a mantenernos preparados para el futuro. Los profetas no permitirán que te quedes atascado en el pasado. Los profetas traen esperanza para el futuro. Los profetas entienden el destino y el propósito. Nos ayudarán a no temer el futuro ni quedarnos anclados en el pasado.

"Porque yo sé muy bien los planes que tengo para ustedes
— afirma el Señor—, planes de bienestar y no de calamidad, a
fin de darles un futuro y una esperanza."

—JEREMÍAS 29:11, NVI

Porque sol y escudo es Jehová Dios;
Gracia y gloria dará Jehová.
No quitará el bien a los que andan en integridad.

—SALMO 84:11

Porque ciertamente hay fin, y tu esperanza no será cortada.

—PROVERBIOS 23:18

A los profetas les preocupa tu futuro.

Los profetas quieren saber adónde te diriges. Quieren saber qué
decisiones estás tomando ahora que afectarán tu futuro. Quieren saber
si estás cumpliendo con tu destino. (Ver Jeremías 29:11.)

DISCERNIR LOS TIEMPOS Y LAS ESTACIONES

Profetas conocen las estaciones. Es importante conocer las estaciones.
Las estaciones cambian, y hay un tiempo y una época para cada cosa
bajo el cielo. Los profetas son sensibles a los cambios de estaciones.
Pueden ministrarte cuando tu temporada esté cambiando.

Invierno, primavera, verano y otoño, el profeta los percibirá y
conocerá todos.
Todo tiene su tiempo, y todo lo que se quiere debajo del cielo
tiene su hora…

—ECLESIASTÉS 3:1

Los profetas entienden los tiempos y las estaciones.

A los profetas les preocupan los propósitos de Dios y el momento
para cumplirlos.

Él cambia los tiempos y las épocas,
pone y depone reyes.
A los sabios da sabiduría,
y a los inteligentes, discernimiento.

—DANIEL 2:21, NVI

PURIFICACIÓN

Los profetas se ocupan de lo íntimo (los riñones). Las entrañas (lo interior) están simbolizadas en las Escrituras por los riñones. Los riñones ayudan a eliminar los residuos de tu sistema. Son un símbolo de purificación y pureza.

¿Qué hay en tus riñones (corazón, entrañas, mente, en tu interior)? No estoy hablando de los riñones físicos, sino de las entrañas, el corazón, lo que los riñones representan. A los profetas les preocupan tus entrañas. Deja que toda inmundicia sea eliminada de tus riñones, y deja que tus entrañas sean puras.

Los profetas saben que lo exterior no es más que una manifestación de lo interior.

Porque en la boca de ellos no hay sinceridad;
Sus entrañas son maldad,
Sepulcro abierto es su garganta,
Con su lengua hablan lisonjas.

—SALMO 5:9

Bendeciré a Jehová que me aconseja;
Aun en las noches me enseña mi conciencia.

—SALMO 16:7

Y a sus hijos heriré de muerte, y todas las iglesias sabrán que yo soy el que escudriña la mente y el corazón; y os daré a cada uno según vuestras obras.

—APOCALIPSIS 2:23

NEGOCIACIÓN EXITOSA CON DIOS

Los profetas negocian con Dios. En Éxodo 32, al final del incidente del "becerro de oro", Moisés realmente convence a Dios para que cambie de opinión. El profeta puede pedirle al Señor que cambie de opinión cuando se trata de juicio. Moisés lo hizo, y Dios perdonó a Israel.

Abraham también negoció con Dios por Lot y su familia antes de que Dios destruyera a Sodoma.

Quizá faltarán de cincuenta justos cinco; ¿destruirás por aquellos cinco toda la ciudad? Y dijo: No la destruiré, si hallare allí cuarenta y cinco.

—GÉNESIS 18:28

Este es el poder del profeta. Este es el tipo de relación que los profetas tienen con Dios. El profeta es amigo de Dios.

MINISTERIO DE LA PALABRA Y LA ORACIÓN

Los profetas hablan y oran. Jesús dio a sus discípulos la palabra y oró por ellos. Los profetas no solo sueltan palabras. También oran por los que reciben la palabra. Esto no quiere decir que los profetas oren por todos a quienes dan una palabra, pero hay personas a quienes se les ha asignado que ministren y oren. Los demonios lucharán contra la palabra profética, y las oraciones del profeta ayudarán a vencer la oposición del enemigo que viene a obstaculizar y retrasar la palabra profética.

Porque las palabras que me diste, les he dado; y ellos las recibieron, y han conocido verdaderamente que salí de ti, y han creído que tú me enviaste. Yo ruego por ellos; no ruego por el mundo, sino por los que me diste; porque tuyos son.

—Juan 17:8–9

INSTRUCCIÓN

Los profetas pueden darte instrucciones que provocarán un gran adelanto. Los profetas escuchan a Dios y dan instrucciones inusuales.

Profeta, no te sorprendas cuando Dios te dé su sabiduría al confrontar situaciones imposibles. La gente que está desesperada se apoyará en tu don.

Y Eliseo le dijo: ¿Qué te haré yo? Declárame qué tienes en casa. Y ella dijo: Tu sierva ninguna cosa tiene en casa, sino una vasija de aceite. El le dijo: Ve y pide para ti vasijas prestadas de todos tus vecinos, vasijas vacías, no pocas. Entra luego, y enciérrate tú y tus hijos; y echa en todas las vasijas, y cuando una esté llena, ponla aparte. Y se fue la mujer, y cerró la puerta encerrándose ella y sus hijos; y ellos le traían las vasijas, y ella echaba del aceite. Cuando las vasijas estuvieron llenas, dijo a un hijo suyo: Tráeme aún otras vasijas. Y él dijo: No hay más vasijas. Entonces cesó el aceite. Vino ella luego, y lo contó al varón de Dios, el cual dijo: Ve y vende el aceite, y paga a tus acreedores; y tú y tus hijos vivid de lo que quede.

—2 Reyes 4:2–7

REVELAR LA RAÍZ DE LOS PROBLEMAS

Los profetas llegan a la raíz del problema. ¿Cuál es la raíz del problema? ¿Qué se esconde debajo de la superficie? Las raíces están ocultas pero son la fuente de lo que está creciendo. Juan vino a poner el hacha a la raíz.

¿La raíz es la rebelión? ¿Es el miedo a la raíz? ¿La falta de perdón? ¿La raíz es la amargura? ¿La raíz es el orgullo? ¿El rechazo es la raíz? ¿Es la planta sembrada por Dios?

Los profetas no lidian con asuntos superficiales. Ellos tratan con los problemas de raíz.

> Mira que te he puesto en este día sobre naciones y sobre reinos, para arrancar y para destruir, para arruinar y para derribar, para edificar y para plantar.
>
> —JEREMÍAS 1:10

> Y ya también el hacha está puesta a la raíz de los árboles; por tanto, todo árbol que no da buen fruto es cortado y echado en el fuego.
>
> —MATEO 3:10

> Pero respondiendo él, dijo: Toda planta que no plantó mi Padre celestial, será desarraigada.
>
> —MATEO 15:13

SENSIBILIDAD AL ESPÍRITU DE DIOS

Los profetas saben cuándo el Espíritu Santo está contristado. El Espíritu Santo puede ser contristado y contrariado. Efesios 4:30 dice en la NTV: "No entristezcan al Espíritu Santo de Dios con la forma en que viven. Recuerden que él los identificó como suyos, y así les ha garantizado que serán salvos el día de la redención".

Los profetas se entristecen cuando el Espíritu Santo se entristece.

> Mas ellos fueron rebeldes, e hicieron enojar su santo espíritu; por lo cual se les volvió enemigo, y él mismo peleó contra ellos.
>
> —ISAÍAS 63:10

> Y no contristéis al Espíritu Santo de Dios, con el cual fuisteis sellados para el día de la redención...
>
> —EFESIOS 4:30

Los profetas también saben cuándo se ha ido la gloria (Icabod). Es asombroso que algunas personas puedan seguir adelante cuando la gloria se ha marchado. El profeta no puede actuar como si la gloria siguiera allí cuando ya se ha marchado. Ezequiel vio la gloria levantarse y marcharse. Es algo triste cuando la gloria se marcha.

Y llamó al niño Icabod, diciendo: ¡Traspasada es la gloria de Israel! por haber sido tomada el arca de Dios, y por la muerte de su suegro y de su marido.

—1 Samuel 4:21

Entonces la gloria de Jehová se elevó de encima del umbral de la casa, y se puso sobre los querubines.

—Ezequiel 10:18

DENUNCIAR LOS PLANES DEL ENEMIGO

Esta me gusta. Eliseo advirtió al rey de Israel con relación a los planes del enemigo. Eliseo escuchaba lo que el rey enemigo decía en su recámara. A veces los profetas pueden escuchar los planes del enemigo.

Entonces el rey de Israel envió a aquel lugar que el varón de Dios había dicho; y así lo hizo una y otra vez con el fin de cuidarse. Y el corazón del rey de Siria se turbó por esto; y llamando a sus siervos, les dijo: ¿No me declararéis vosotros quién de los nuestros es del rey de Israel? Entonces uno de los siervos dijo: No, rey señor mío, sino que el profeta Eliseo está en Israel, el cual declara al rey de Israel las palabras que tú hablas en tu cámara más secreta.

—2 Reyes 6:10–12

Los profetas verán el demonio que otros no ven. Los profetas confrontarán el demonio que otros ignoran.

OASIS: REFRIGERIO Y DESCANSO

La atmósfera profética es un oasis (Elim). Un oasis es un lugar fértil en un desierto, donde hay agua. Es un abrevadero, un pozo, un manantial. Lo profético refresca, ofrece descanso e irriga los lugares áridos. Un oasis es un lugar de palmeras. Elim es una imagen de esto. Elim era un lugar de doce palmeras en el desierto. El profeta es como una palmera. Si necesitas refrescarte, reúnete con un profeta.

Deborah, una profetiza, se sentaba bajo una palmera.

Y llegaron a Elim, donde había doce fuentes de aguas, y setenta palmeras; y acamparon allí junto a las aguas.

—ÉXODO 15:27

Gobernaba en aquel tiempo a Israel una mujer, Débora, profetisa, mujer de Lapidot; y acostumbraba sentarse bajo la palmera de Débora, entre Ramá y Bet-el, en el monte de Efraín; y los hijos de Israel subían a ella a juicio.

—JUECES 4:4–5

Los profetas nos ayudan a prepararnos para los tiempos de refrigerio.

Las iglesias y los creyentes necesitan tiempos de refrigerio. Estos tiempos de refrigerio vienen de la presencia del Señor.

Refrescar significa "reavivar o revigorizar, con descanso, alimento o bebida; renovar mediante estímulos".

Así que, arrepentíos y convertíos, para que sean borrados vuestros pecados; para que vengan de la presencia del Señor tiempos de refrigerio.

—HECHOS 3:19

MILAGROS

Si quieres ver milagros, da un paso de fe basado en las palabras de un profeta. Pedro obedeció la palabra del Señor y tuvo una gran pesca. Los profetas hablan la palabra del Señor y desatan milagros.

Respondiendo Simón, le dijo: Maestro, toda la noche hemos estado trabajando, y nada hemos pescado; mas en tu palabra echaré la red. Y habiéndolo hecho, encerraron gran cantidad de peces, y su red se rompía.

—LUCAS 5:5–6

Las palabras del profeta desatan ángeles.

Los ángeles escuchan la voz de Dios. Cuando Dios habla, los ángeles se mueven. Dios habla mediante sus profetas.

Bendecid a Jehová, vosotros sus ángeles, poderosos en fortaleza, que ejecutáis su palabra, obedeciendo a la voz de su precepto.

—SALMO 103:20

PROSPERIDAD

Cree a los profetas de Dios y prosperarás. Los profetas quieren ver al pueblo de Dios prosperar. Segundo de Crónicas 20:20 dice: "Creed en Jehová vuestro Dios, y estaréis seguros; creed a sus profetas, y seréis prosperados". Este es uno de mis versículos favoritos.

Los profetas sufren cuando ven al pueblo de Dios pasar por dificultades por la desobediencia. (Considera las Lamentaciones de Jeremías.) Dios quiere que prosperemos. Escuchar la voz de Dios es crucial para la prosperidad. Los profetas nos ayudan a tener prosperidad.

> Porque yo sé los pensamientos que tengo acerca de vosotros, dice Jehová, pensamientos de paz, y no de mal, para daros el fin que esperáis.
>
> —JEREMÍAS 29:11

Uzías buscó a Dios en los días de Zacarías el profeta y prosperó. Zacarías tenía entendimiento en sueños y visiones. Uzías sin dudas tuvo la ayuda de Zacarías al buscar al Señor.

> Y persistió en buscar a Dios en los días de Zacarías, entendido en visiones de Dios; y en estos días en que buscó a Jehová, él le prosperó.
>
> —2 CRÓNICAS 26:5

VIDA

Las palabras de un profeta dan vida. Es el Espíritu lo que da vida; la carne es inútil. El Señor dice: "las palabras que yo os he hablado son espíritu y son vida" (Juan 6:63). Las palabras espirituales dan vida. Estas palabras contienen el aliento de Dios. Los profetas hablan por el Espíritu y sus palabras dan vida. La gente se despierta (cobra vida) mediante la profecía y el ministerio profético.

> El espíritu es el que da vida; la carne para nada aprovecha; las palabras que yo os he hablado son espíritu y son vida.
>
> —JUAN 6:63

Los profetas también te recuerdan de dónde saliste. Los profetas te dirán dónde estás. Los profetas te dirán adónde te diriges. Es así porque Dios te mueve de tu pasado, a tu presente y luego a tu futuro. Esta es tu vida. A Dios le preocupa tu vida (tu pasado, presente y futuro). Los profetas pueden ver en todos estos aspectos.

Los profetas le recordaron a Israel de dónde Dios los sacó, dónde estaban en el presente y cuál sería su futuro.

LA BENDICIÓN PROFÉTICA

Los profetas bendicen. Algunas personas creen que lo único que los profetas hacen es maldecir a la gente, pero a los profetas les encanta bendecir a las personas. Les encanta pronunciar palabras de bendición sobre las personas a quienes Dios quiere bendecir. Jacob bendijo a sus hijos antes de morir (Génesis 49). Moisés bendijo a las tribus de Israel con palabras proféticas (Deuteronomio 33).

Las bendiciones proféticas son poderosas. Tu vida cambiará y será bendecida cuando un profeta te bendiga.

Y entraron Moisés y Aarón en el tabernáculo de reunión, y salieron y bendijeron al pueblo; y la gloria de Jehová se apareció a todo el pueblo.

—LEVÍTICO 9:23

Esta es la bendición con la cual bendijo Moisés varón de Dios a los hijos de Israel, antes que muriese.

—DEUTERONOMIO 33:1

No menosprecie lo que los profetas tienen que decir.

No apaguéis al Espíritu. No menospreciéis las profecías. Examinadlo todo; retened lo bueno. Absteneos de toda especie de mal.

—1 TESALONICENSES 5:19–22

Los que odian a los profetas tienen una larga lista de antecesores.

¡Ay de vosotros, escribas y fariseos, hipócritas! porque edificáis los sepulcros de los profetas, y adornáis los monumentos de los justos, y decís: Si hubiésemos vivido en los días de nuestros padres, no hubiéramos sido sus cómplices en la sangre de los profetas. Así que dais testimonio contra vosotros mismos, de que sois hijos de aquellos que mataron a los profetas. ¡Vosotros también llenad la medida de vuestros padres!

—MATEO 23:29–32

Una palabra profética puede salvar tu vida, desatar tu destino, darte entendimiento, liberar gracia en tu vida, traer corrección, provocar un gran avance y darte rumbo. Los profetas y las declaraciones proféticas a veces son despreciadas y tomadas a la ligera. Los profetas deben ser estimados y recibidos. Ellos traen gran bendición.

COMO ORO Y PLATA

Las palabras y el ministerio de un profeta son valiosos y cuando los recibimos, producen recompensas, beneficios y bendición. Sus palabras son como oro y plata. Los profetas son vasijas de oro y plata en la casa del Señor. El oro y la plata son valiosos. El oro y la plata representan la pureza.

Plata escogida es la lengua del justo;
Mas el corazón de los impíos es como nada.
—PROVERBIOS 10:20

A Manzana de oro con figuras de plata
Es la palabra dicha como conviene.
—PROVERBIOS 25:11

Pero en una casa grande, no solamente hay utensilios de oro y de plata, sino también de madera y de barro; y unos son para usos honrosos, y otros para usos viles.
—2 TIMOTEO 2:20

Eres valioso, profeta. Mantente limpio y puro. Que nada ni nadie te manche.

5

EL MANIFIESTO DEL PROFETA

Jesús clamó y dijo Porque yo no he hablado por mi propia cuenta; el Padre que me envió, él me dio mandamiento de lo que he de decir, y de lo que he de hablar.
—JUAN 12:44, 49

E L SERMÓN DEL monte, que se encuentra en Mateo capítulo 5, es el manifiesto del profeta. Un manifiesto es una declaración verbal publicada de las intenciones, motivos, o puntos de vista del emisor, ya sea un individuo, grupo, partido político o gobierno.

POBRES EN ESPÍRITU

Los profetas buscan humildad, los pobres en espíritu, los que reconocen su necesidad de Dios.

Bienaventurados los pobres en espíritu, porque de ellos es el reino de los cielos.
—MATEO 5:3

Los profetas lloran (sufren) por lo que aflige al corazón de Dios. También caminan en el consuelo del Espíritu Santo.

Bienaventurados los que lloran, porque ellos recibirán consolación.
—MATEO 5:4

MANSEDUMBRE

La mansedumbre es importante para los profetas. La mansedumbre se caracteriza como suavidad, paciencia y resignación.

Bienaventurados los mansos, porque ellos recibirán la tierra por heredad.
—MATEO 5:5

JUSTICIA

Los profetas tienen hambre y sed de justicia (rectitud, estar bien con Dios).

Bienaventurados los que tienen hambre y sed de justicia, porque ellos serán saciados.

—Mateo 5:6

MISERICORDIA

Los profetas se pronunciarán contra la crueldad y la dureza. Ellos claman por misericordia y compasión para con los afligidos y oprimidos.

Bienaventurados los misericordiosos, porque ellos alcanzarán misericordia.

—Mateo 5:7

PACIFICADORES

Los profetas sufren cuando hay luchas, odio, peleas, contiendas, confusión y división. Ellos aman y promueven la paz (*shalom*).

Bienaventurados los pacificadores, porque ellos serán llamados hijos de Dios.

—Mateo 5:9

PERSEGUIDOS

A menudo los profetas son perseguidos por defender la justicia. Siempre ha sido así, Los sistemas injustos lucharán contra cualquier cosa que los amenace.

Bienaventurados los que padecen persecución por causa de la justicia, porque de ellos es el reino de los cielos. Bienaventurados sois cuando por mi causa os vituperen y os persigan, y digan toda clase de mal contra vosotros, mintiendo. Gozaos y alegraos, porque vuestro galardón es grande en los cielos; porque así persiguieron a los profetas que fueron antes de vosotros.

—Mateo 5:10–12

SAL Y LUZ

Los profetas son sal y luz.

Vosotros sois la sal de la tierra; pero si la sal se desvaneciere, ¿con qué será salada? No sirve más para nada, sino para ser echada fuera y hollada por los hombres. Vosotros sois la luz del mundo; una ciudad asentada sobre un monte no se puede esconder. Ni se enciende una luz y se pone debajo de un almud, sino sobre el candelero, y alumbra a todos los que están en casa. Así alumbre vuestra luz delante de los hombres, para que vean vuestras buenas obras, y glorifiquen a vuestro Padre que está en los cielos.

—Mateo 5:13–16

Sé que este versículo se aplica a todos los verdaderos creyentes, pero se aplica especialmente a los profetas. Los profetas traen sal y luz a la iglesia y al mundo. Los profetas no pueden ocultar la luz que Dios les da. Los profetas traen luz a la casa (la iglesia).

APOYAN LA JUSTICIA

Los profetas tienen una norma de justicia. Ellos enseñan y predican lo que es correcto. Los más grandes en el reino son los obedientes. Jesús confirmó la ley porque era justa. Él cumplió la ley y la justicia de la ley. Ahora somos justos por medio de Cristo.

Una vez más, el énfasis de los profetas es la justicia (rectitud, estar bien con Dios). Lee Mateo 5:17–20.

Los fariseos no eran justos. Se consideraban los más grandes, pero eran los más pequeños. En realidad ellos enseñaban a los hombres a violar la ley a través de su tradición. Los fariseos eran hipócritas.

MOTIVOS DEL CORAZÓN

Los profetas advierten de las consecuencias de la ira injustificada (asesinato) y por llamar tonto a tu hermano. Los profetas se ocupan de los motivos del corazón. El motivo en gran parte de los insultos es la ira y el odio, que es asesinato. Lee Mateo 5:21–26.

Estos versículos son interesantes ya que muestran cómo Jesús (un profeta como Moisés) ve la ira injustificable. La ira injustificada es cuando no tienes razón, pero insistes. El resultado de la ira puede ser un tribunal o un juicio. El resultado es que puede volverse en tu contra. La reconciliación es importante antes de que llegue tan lejos. Los resultados pueden ser devastadores (demandas), incluyendo el juicio y prisión. Es a esto a lo que la ira injustificada puede conducir. Jesús lo compara con asesinato.

Algunas personas armarán un lío de cualquier cosa. Esto es un uso injusto del sistema legal. La gente usa el sistema legal para destruir a otros (asesinato). Los profetas tratan de ayudarnos a mantener nuestros corazones fuera de este nivel de ira.

ASUNTOS DE SU ÉPOCA

Los profetas se ocuparán de los asuntos de su época (la injusticia). Lee Mateo 5:27–32.

El divorcio era uno de los asuntos del momento cuando Jesús ministraba. El sistema religioso de su época había proporcionado una manera para que los hombres se divorciaran de sus esposas por casi cualquier causa. Jesús les reprendió y denunció la verdadera razón de estos divorcios: lujuria, adulterio y la dureza del corazón. Los hombres de la época de Cristo simplemente estaban siendo crueles con sus compañeras al abandonarlas. Los profetas se ocuparán de la crueldad y la dureza de corazón.

Malaquías también lidió con esta injusticia y la llamó traición. Los sacerdotes en los días de Malaquías lo estaban haciendo.

> ¿No hizo él uno, habiendo en él abundancia de espíritu? ¿Y por qué uno? Porque buscaba una descendencia para Dios. Guardaos, pues, en vuestro espíritu, y no seáis desleales para con la mujer de vuestra juventud. Porque Jehová Dios de Israel ha dicho que él aborrece el repudio, y al que cubre de iniquidad su vestido, dijo Jehová de los ejércitos. Guardaos, pues, en vuestro espíritu, y no seáis desleales.
>
> —MALAQUÍAS 2:15–16

Nuevamente el problema era la injusticia. Los esposos trataban injustamente a las esposas y el sistema religioso de la época lo aprobaba.

> El les dijo: Por la dureza de vuestro corazón Moisés os permitió repudiar a vuestras mujeres; mas al principio no fue así.
>
> —MATEO 19:8

Ellos estaban abandonando a sus mujeres por cuestiones que no eran el adulterio, cuando en realidad lo que estaban haciendo era una forma de adulterio. Estaban tratando de usar las palabras de Moisés, sobre la emisión de una carta de divorcio cuando se divorciaban de sus esposas, como una evasiva al divorcio sin causa legal. El decreto de Moisés no era un aval de divorcio, sino una protección para las mujeres que estaban siendo abandonadas para que tuvieran algo que dijera que no habían sido abandonadas a causa de adulterio.

El divorcio es también un problema en la actualidad. El divorcio puede ser injusto en dependencia del motivo. Los profetas detestan este y todo tipo de injusticia y hablarán en contra de ella.

6

JONÁS: PROFETAS A LA FUGA

Vino palabra de Jehová a Jonás hijo de Amitai, diciendo: Levántate
y ve a Nínive, aquella gran ciudad, y pregona contra ella; porque
ha subido su maldad delante de mí. Y Jonás se levantó para huir
de la presencia de Jehová a Tarsis, y descendió a Jope, y halló una
nave que partía para Tarsis; y pagando su pasaje, entró en ella
para irse con ellos a Tarsis, lejos de la presencia de Jehová...
—JONÁS 1:1–3

EL SEÑOR ME dio una palabra en esta época para todos los Jonases:
Dejen de huir de su llamado y su tarea, terminarán en la barriga de
una ballena. En cuanto obedezcan, la ballena los vomitará para que
puedan cumplir con su tarea.

¿A dónde me iré de tu Espíritu?
¿Y a dónde huiré de tu presencia?
Si subiere a los cielos, allí estás tú;
Y si en el Seol hiciere mi estrado, he aquí, allí tú estás.
Si tomare las alas del alba
Y habitare en el extremo del mar,
Aun allí me guiará tu mano,
Y me asirá tu diestra.
Si dijere: Ciertamente las tinieblas me encubrirán;
Aun la noche resplandecerá alrededor de mí.
Aun las tinieblas no encubren de ti,
Y la noche resplandece como el día;
Lo mismo te son las tinieblas que la luz...
—SALMO 139:7–12

¿ERES TÚ UN JONÁS?

¿Eres un profeta a la fuga? ¿Está huyendo de tu tarea de hablar la
Palabra del Señor? ¿Está huyendo de la presencia del Señor? ¿Estás
escondiéndote? Puedes huir pero no puedes esconderte de Dios.

El Señor está llamando a los Jonases. No serás el primero ni el últi-
mo. En toda generación hay Jonases. Hay profetas que huyen de Dios
hoy. No seas un profeta a la fuga. Has sido llamado para bendecir a

tu generación. No huyas ni te escondas del llamado. Acéptalo y obedece hoy a Dios.

Para aquellos que no quieren hablar por el Señor, ¡oro para que su
palabra en tu corazón sea como un fuego que arde en tus huesos!

> Y dije: No me acordaré más de él, ni hablaré más en su nombre;
> no obstante, había en mi corazón como un fuego ardiente meti-
> do en mis huesos; traté de sufrirlo, y no pude.
>
> —Jeremías 20:9

Dios le dijo a Jonás que se levantara y fuera a Nínive. Jonás, en
cambio, se fue en sentido contrario. Jonás huyó de la presencia del
Señor. Hay muchos profetas como Jonás. Les llamo profetas a la fuga.
Ellos sienten el llamado de Dios a ser profetas, y lo saben, pero dice:
"no puedo manejar ese llamado".

Si eres un profeta a la fuga, entonces sabes que no puedes esconderte de Dios. No puedes esconderte en el fondo del barco como Jonás.
No puedes huir de la presencia del Señor.

En Salmo 139:8–9, 12 David escribió: "Si subiere a los cielos, allí
estás tú; y si en el Seol hiciere mi estrado, he aquí, allí tú estás. Si
tomare las alas del alba y habitare en el extremo del mar…Aun las
tinieblas no encubren de ti". Jonás intentó esconderse, pero Dios sabía
dónde estaba. Dios sabe dónde está Jonás. Él sabe dónde está cada
profeta…. "Aun las tinieblas no encubren de ti, y la noche resplandece
como el día; lo mismo te son las tinieblas que la luz".

Ni siquiera la oscuridad puede esconderse de Dios. Jonás trató de
esconderse pero Dios sabía dónde estaba. Dios sabe dónde están sus
Jonases. Él sabe dónde está cada profeta.

¡LEVÁNTATE Y VE A NÍNIVE!

Jonás sí fue a Nínive. Jonás sí habló la palabra del Señor a aquella ciudad. Los resultados fueron asombrosos. Toda la ciudad se arrepintió
y se salvó.

La tarea de Jonás era hablar a una ciudad. ¿Cuál es tu tarea? ¿Cuán-
tas vidas penden de una cuerda como resultado de tu llamado? ¿Cuán-
tas personas serán bendecidas cuando obedezcas a Dios?

Este es un llamado para que los Jonases se levanten y vayan a Nínive. ¿Dónde está tu Nínive? ¿A quién eres enviado? Estas son preguntas
que todo profeta tiene que responder.

TU EXPERIENCIA TIPO JONÁS TIENE UN SIGNIFICADO PROFÉTICO

Incluso la experiencia de Jonás fue profética. Él estuvo en la barriga de la ballena tres días y tres noches. Eso fue una imagen de Cristo en el corazón de la tierra tres días y tres noches.

> Porque como estuvo Jonás en el vientre del gran pez tres días y tres noches, así estará el Hijo del Hombre en el corazón de la tierra tres días y tres noches.
>
> —MATEO 12:40

Cuando eres profético hasta tus experiencias serán proféticas. Jonás fue profético incluso cuando huía del llamado. Profeta, no puedes escaparte. Has sido diseñado por Dios para ser un profeta. Verás cosas incluso cuando estés huyendo del llamado.

> Y le dijeron: ¿Qué haremos contigo para que el mar se nos aquiete? Porque el mar se iba embraveciendo más y más. El les respondió: Tomadme y echadme al mar, y el mar se os aquietará; porque yo sé que por mi causa ha venido esta gran tempestad sobre vosotros…
>
> —JONÁS 1:11–12

Jonás sabía lo que estaba pasando cuando llegó la tormenta. Los hombres en el barco no lo sabían, pero Jonás sabía. Los profetas saben cuando están huyendo. Saben que es un problema huir del llamamiento. Jonás les dijo a los hombres que lo tiraran por la borda. Luego se lo tragó un gran pez.

Jonás clamó a Dios desde el vientre del gran pez. Le prometió a Dios que pagaría sus votos. Profetas, muchos de ustedes se han comprometido a servir y obedecer al Señor, pero están corriendo en dirección contraria. Es hora de mantener sus votos, promesas, dedicaciones, obligaciones…

> Sobre mí, oh Dios, están tus votos;
> Te tributaré alabanzas.
>
> —SALMO 56:12

> Mas yo con voz de alabanza te ofreceré sacrificios; pagaré lo que prometí. La salvación es de Jehová.
>
> —JONÁS 2:9

La historia de Jonás nos muestra la importancia del llamado del profeta. Los profetas son diferentes. Son únicos. Los profetas no piden ser llamados o elegidos. Los profetas son llamados desde el vientre. Los profetas pagan el precio de huir y esconderse. Jonás terminó en el vientre de un gran pez.

LA NECESIDAD ESTÁ DELANTE DE TI

Pues si anuncio el evangelio, no tengo por qué gloriarme; porque me es impuesta necesidad; y ¡ay de mí si no anunciare el evangelio!

—1 CORINTIOS 9:16

Levántate y obedece, Jonás. No te metas en problemas. La necesidad está delante de ti. Tienes que obedecer a Dios. Tienes que levantarte. Jonás oró y Dios lo sacó de la barriga del pez. Dios te sacará cuando ores.

Hay muchos ministros que han aceptado el llamado a predicar, pero están huyendo del llamamiento profético. Tal vez tu grupo no cree en los profetas. Tal vez has visto gente que se llaman a sí mismos profetas que no tenían buen carácter. Tal vez has visto falsos profetas. Estas son las razones por qué algunos huyen del llamado.

Dios está llamando y pasando por una transición a muchos de sus ministros. Muchos han sido llamados a ser profetas, pero tienen miedo. No seas un Jonás. No huyas del llamado, sino acéptalo. El ministerio del profeta está diseñado para traer liberación y salvación para muchos. Nínive se salvó y fue bendecida porque Jonás fue allí.

NO HAY EXCUSAS PARA LOS PROFETAS

El llamado a ser un profeta puede parecer intimidante. El llamado del profeta es una gran responsabilidad. Algunos profetas inventan excusas, pero Dios no quiere escucharlos.

Jeremías dijo: "Yo soy demasiado joven". Moisés dijo: "Yo no soy elocuente". Dios respondió a los dos.

Entonces dijo Moisés a Jehová: ¡Ay, Señor! nunca he sido hombre de fácil palabra, ni antes, ni desde que tú hablas a tu siervo; porque soy tardo en el habla y torpe de lengua. Y Jehová le respondió: ¿Quién dio la boca al hombre? ¿O quién hizo al mudo y al sordo, al que ve y al ciego? ¿No soy yo Jehová?

—ÉXODO 4:10–11

Y me dijo Jehová: No digas: Soy un niño; porque a todo lo que te envíe irás tú, y dirás todo lo que te mande.

—JEREMÍAS 1:7

Dios también buscará la manera para ti y te apoyará cuando te llame. La gracia de Dios es suficiente. No tengas miedo. Tú puedes hacerlo.

SÚPLICA A LOS JONASES

Si has estado huyendo, entonces necesitas arrepentirse y dar la vuelta. No pierdas ni un día de hacer lo que Dios te ha llamado a hacer. Toma una decisión hoy. Obedece a Dios. No obedezcas a tu carne. No te sometas a tus miedos. No seas rebelde. Arrepiéntete antes de que sea demasiado tarde. Arrepiéntete como Jonás. Jonás clamó al Señor, y Dios lo escuchó. Es mejor decir que no, y luego dar la vuelta, que decir sí y nunca hacerlo. Observa la parábola de Jesús en el Evangelio de Mateo:

Pero ¿qué os parece? Un hombre tenía dos hijos, y acercándose al primero, le dijo: Hijo, ve hoy a trabajar en mi viña. Respondiendo él, dijo: No quiero; pero después, arrepentido, fue. Y acercándose al otro, le dijo de la misma manera; y respondiendo él, dijo: Sí, señor, voy. Y no fue. ¿Cuál de los dos hizo la voluntad de su padre? Dijeron ellos: El primero. Jesús les dijo: De cierto os digo, que los publicanos y las rameras van delante de vosotros al reino de Dios.

—MATEO 21:28–31

El hijo que dijo "no" pero luego se arrepintió y fue a la viña, hizo la voluntad de su padre. Arrepiéntete y haz la voluntad del Padre. Ve a la viña y trabaja.

ORACIONES DE ARREPENTIMIENTO PARA LOS JONASES

Señor, me arrepiento de huir de mi llamado.
Voy a dar la vuelta y obedecer al llamado.
No voy a ser más rebelde.
No voy a permitir que el miedo o la rebelión me hagan huir del llamado de profeta.
Someto mi vida a ti, Señor.
Someto mi lengua para hablar tu palabra.
Someto mis ojos para ver tu visión.
Someto mi vida y mi tiempo para ser una voz profética.
Acepto mi tarea, y la gracia que necesito para cumplirla.
No voy a ser un Jonás.
Voy a ir a mi Nínive.
Voy a hablar tu palabra.
Que cualquier problema que he experimentado al huir del llamado se vaya de mi vida.
Que tu paz regrese a mi vida.
Que tu alegría vuelva a mi vida.
Renuncio y me alejo de cualquier conducta que sea contraria al llamado de profeta.
Me aparto de cualquier tradición religiosa que me impida obedecer este llamado.
No voy a tener miedo de hacer lo que se me ha enviado a hacer.

7

SANIDAD Y LIBERACIÓN PARA EL PROFETA

Entonces nacerá tu luz como el alba, y tu salvación
se dejará ver pronto, e irá tu justicia delante de
ti, y la gloria de Jehová será tu retaguardia.
—Isaías 58:8

MUCHOS PROFETAS TIENEN necesidad de sanidad y restauración. Los profetas son muy sensibles y deben cuidar sus corazones. Los profetas pueden tomar el rechazo a nivel muy personal. Los profetas pueden experimentar un profundo daño y dolor. Incluso Elías, uno de los grandes profetas de Israel se sintió solo y aislado.

El respondió: He sentido un vivo celo por Jehová Dios de los ejércitos; porque los hijos de Israel han dejado tu pacto, han derribado tus altares, y han matado a espada a tus profetas; y sólo yo he quedado, y me buscan para quitarme la vida.
—1 Reyes 19:10

Elías también estaba cansado después de su encuentro con los falsos profetas de Jezabel en el monte Carmelo. Los profetas cansados necesitan la fuerza de Dios. Los profetas pueden gastar mucha fortaleza en sus funciones. Los profetas a veces se extralimitan. Jesús dijo: "Venid aparte a descansar". Hay momentos en que los profetas necesitan ser refrescados y fortalecidos desde el cielo. No te desanimes, profeta. Tú puedes cansarte como todos los demás. Dios te refrescará y restaurará.

Y volviendo el ángel de Jehová la segunda vez, lo tocó, diciendo: Levántate y come, porque largo camino te resta. Se levantó, pues, y comió y bebió; y fortalecido con aquella comida caminó cuarenta días y cuarenta noches hasta Horeb, el monte de Dios...
—1 Reyes 19:7–8

SUELTA LAS ATADURAS DE TU CUELLO

Satanás odia a los profetas y hará cualquier cosa para destruirlos. El profeta es una amenaza para las obras de las tinieblas. El profeta es un blanco para los poderes del infierno. Los profetas también pueden caer en el orgullo, y pueden llegar a ser demasiado duros y críticos. Pero puedes levantarte del polvo. Sacúdete. Desatar las ataduras de tu cuello. Ni Satanás ni los hombres te mantendrán cautivo. No serás esclavo de la tradición religiosa.

> Sacúdete del polvo; levántate y siéntate, Jerusalén; suelta las ataduras de tu cuello, cautiva hija de Sion.
>
> —Isaías 52:2

Hay liberación y restauración para los profetas. Hay sanidad del rechazo y el dolor. Hay liberación del miedo y la aprensión.

Hay liberación de la encomienda del espíritu de Jezabel. El espíritu de Jezabel odia a los profetas e intenta acabar con ellos. En la Biblia, Jezabel era una bruja. Su idolatría y hechicerías fueron muchas.

DEMONIOS QUE ATACAN A LOS PROFETAS

Otros espíritus que atacan a los profetas incluyen:

- rechazo (autorechazo, miedo al rechazo)
- miedo
- intimidación
- desaliento
- dolor
- depresión
- frustración
- cansancio
- orgullo
- confusión
- celos (de otros profetas)
- desgaste
- agotamiento
- amargura
- falta de perdón
- engaño (también autoengaño)
- soledad
- aislamiento
- ira
- inseguridad
- inferioridad
- desilusión
- brujería
- timidez
- lujuria
- decepción
- alejamiento
- aflicción
- tristeza
- enfermedad

Záfate de estos espíritus. Quizá no te hayan atacado todos, pero sí necesitas tratar con los que te han afectado.

MI ORACIÓN PARA QUE LA SANIDAD Y LA LIBERACIÓN VENGAN A LOS PROFETAS

Ponte de acuerdo conmigo en esta oración por ti y por otros profetas entre nosotros. También puedes reelaborar esta oración según te sientas guiado a hacerlo y orarla directamente sobre ti mismo para verte liberado para cumplir con el llamado de Dios en tu vida.

Yo oro en este momento, en el nombre de Jesús, que toda maldición dicha contra los profetas sea anulada. Que cada palabra negativa hablada en tu contra sea cancelada. Que todo ataque de brujería, incluyendo la intimidación, sea cancelado.

Ordeno a estos espíritus que suelten a los profetas y se vayan. Les ordeno salir en el nombre de Jesús. Te ordeno que seas sanado y restaurado en tus emociones. Ordeno que cada ataque a tu mente sea cancelado.

Mando a todos los espíritus de miedo que se vayan. Cualquier cosa que te intimide y te provoque miedo para la palabra del Señor debe salir, en el nombre de Jesús. El miedo al rechazo, fuera. El temor del hombre, fuera. El miedo a ser mal entendido, fuera. El miedo a ser perseguido, fuera.

Todos los espíritus que atacan tu mente deben salir en el nombre de Jesús. Los espíritus que te hacen pensar que estás loco, fuera. Los espíritus que quieren controlar tu forma de pensar, fuera.

Todos los espíritus que atacan tu cuerpo, fuera en el nombre de Jesús. Todo espíritu de enfermedad se va.

Oro para que tus emociones sean sanadas. Ordeno que todo rechazo se vaya en el nombre de Jesús. Ordeno que toda herida y dolor profundo se vaya. Ordeno a su corazón ser sano. Ordeno a tu alma ser restaurada.

Cualquier profeta con un espíritu herido o el corazón roto, sanará. Ruego a Dios que sane tu corazón y te consuele. Oro para que todas tus heridas se cierren. Deja que el aceite y el vino de la sanidad se derramen en tu vida.

Mando a todos los espíritus que te hacen sentir inferior o indigno que se vayan. Todo espíritu de culpa, vergüenza y condena, fuera en el nombre de Jesús.

Mando a todos los espíritus de doble ánimo que salgan en el nombre de Jesús. Todos los espíritus que te hacen vacilar y ser incoherente, fuera en el nombre de Jesús.

Mando a todos los espíritus de ira y enojo que se vayan. Todos los espíritus de soledad y tristeza debido al dolor y el rechazo, fuera.

Mando a todos los espíritus de orgullo que se vayan en el nombre de Jesús. Todos los espíritus de arrogancia y soberbia se van. Todos los espíritus de ego y la vanidad, fuera.

Mando a todos los espíritus de aislamiento y soledad a salir en el nombre de Jesús. Todos los espíritus de depresión y desaliento, fuera. Cualquier espíritu que te hace querer darte por vencido y rendirte, fuera ahora.

Ordeno a todo espíritu que atacaría por la noche que se vaya. Todos los espíritus de insomnio e inquietud, fuera.

Oro para que seas sanado de dolor causado por pastores, iglesias, redes, familiares y amigos. Pido a Dios que seas sanado de cualquier traición. Oro para que sea librado de falsos amigos y falsos hermanos.

Mando a todos los espíritus de decepción que se vayan en el nombre de Jesús. Decepción con pastores, iglesias y los santos, fuera en el nombre de Jesús.

Oro para que tu gozo sea restaurado y pleno.

Oro para que el celo de Dios se restaure en ti.

Oro para que una unción fresca para profetizar caiga sobre ti.

Oro para que tengas una unción fresca para soñar y tener visiones.

Pido a Dios que cualquier cosa que bloquee o dificulte tu flujo profético sea eliminada en el nombre de Jesús. Que cualquier dique que está bloqueando el flujo del Espíritu Santo sea quitado.

Oro para que tus oídos se abran. Oro para que cualquier cosa que impida o bloquee que escuches la voz de Dios sea eliminada. Que tus oídos se destupan. Que tus oídos y tu mente se abran.

Que de tu vientre fluyan ríos de agua viva. Que lo profético brote en ti. Que la palabra del Señor caiga del cielo sobre ti. Que la palabra caiga como lluvia sobre tu vida.

Oro para que seas lleno del Espíritu Santo. Oro para que copa esté rebosando. Pido a Dios que seas lleno de la valentía del Espíritu Santo.

Oro que seas lleno de la sabiduría de Dios. Tendrás la sabiduría de Dios para cumplir con tu tarea.

8

ORACIONES Y DECLARACIONES PARA LIBERAR EL PROFETA EN TI

*Clama a mí, y yo te responderé, y te enseñaré
cosas grandes y ocultas que tú no conoces.*
—JEREMÍAS 33:3

Señor, dame fuerzas para dar a luz mi destino como tu profeta (Isaías 66:9).

Señor, no me permitas operar en un espíritu equivocado (Lucas 9:55).

Déjame tener y caminar en un espíritu excelente (Daniel 6:3).

Señor, mueve mi espíritu para hacer tu voluntad (Hageo 1:14).

Rechazo todo ministerio profético falso en el nombre de Jesús (2 Pedro 2:1).

Rechazo la boca de la vanidad y la diestra de mentira (Salmo 144:8).

Rechazo toda falsa visión y cada palabra profética
falsa liberada en mi vida (Jeremías 14:14).

Ato a Satanás, el engañador, para que no libere ningún
engaño en mi vida (Apocalipsis 12:9).

Ato y echo fuera todos los espíritus de autoengaño
en el nombre de Jesús (1 Corintios 3:18).

Ato y echo fuera todo espíritu de brujería que me engañaría
en el nombre de Jesús (Apocalipsis 18:23).

Señor, que ningún ser humano me engañe (Mateo 24:4).

Ato y reprendo cualquier encantamiento que me
impediría obedecer a la verdad (Gálatas 3:1).

Oro por declaraciones y la audacia de dar a conocer
el misterio del evangelio (Efesios 6:19).

Ato y echo fuera todo espíritu de Absalón que trate de robar mi
corazón del liderazgo ordenado por Dios (2 Samuel 15:6).

Señor, limpia mi vida de faltas desconocidas (Salmo 19:12).

Señor, que tu favor esté sobre mi tienda (Job 29:4).

Guíame por amor de tu nombre (Salmo 31:3).

Guíame continuamente (Isaías 58:11).

Guíame a toda la verdad (Juan 16:13).

Guíame con tu ojo (Salmo 32:8).

Permíteme guiar mis asuntos con discreción (Salmo 112:5).

Guíame con la pericia de tus manos (Salmo 78:72).

Guíame por senda de rectitud a causa de mis enemigos (Salmo 27:11).

No me dejes caer en tentación, mas líbrame del mal (Mateo 6:13).

Guíame, y haz tu camino recto delante de mis ojos (Salmo 5:8).

Endereza los lugares torcidos y que lo áspero se allane ante mí (Isaías 40:4).

Envía tu luz y la verdad, y deja que ellas me guíen (Salmo 43:3).

Convierte las tinieblas en luz delante de mí y que
lo áspero se allane (Isaías 42:16).

Señor, dame sabiduría en cada aspecto donde carezco de ella (Santiago 1:5).

ORACIONES QUE DESATAN LA REVELACIÓN PROFÉTICA

Tú eres el Dios que revela los secretos. Señor,
revélame tus secretos (Daniel 2:28).

Revélame el secreto y las cosas profundas (Daniel 2:22).

Permíteme entender las cosas que han estado ocultas
desde la fundación del mundo (Mateo 13:35).

Que los sellos de tu Palabra sean rotos (Daniel 12:9).

Permíteme entender y tener revelación de tu voluntad y
propósito. Dame el espíritu de sabiduría y revelación y que los
ojos de mi entendimiento sean iluminados (Efesios 1:17).

Permíteme entender las cosas celestiales (Juan 3:12).

Abre mis ojos para contemplar las maravillas de tu Palabra (Salmo 119:18).

Permíteme conocer y entender los misterios del reino (Marcos 4:11).

Permíteme hablar a otros mediante revelación (1 Corintios 14:6).

Revela tus secretos a tus siervos los profetas (Amós 3:7).

Que las cosas ocultas sean manifestadas (Marcos 4:22).

Oculta tus verdades de los sabios y prudentes
y revélalas a los bebés (Mateo 11:25).

Que tu brazo se revele en mi vida (Juan 12:38).

Revela las cosas que me pertenecen (Deuteronomio 29:29).

Que tu Palabra me sea revelada (1 Samuel 3:7).

Que tu gloria se revele en mi vida (Isaías 40:5).

Que tu justicia se revele en mi vida (Isaías 56:1).

Permíteme recibir visiones y revelaciones de parte del Señor (2 Corintios 12:1).

Permíteme recibir revelaciones en abundancia (2 Corintios 12:7).

Permíteme ser un buen mayordomo de tus revelaciones (1 Corintios 4:1).

Déjame hablar el misterio de Cristo (Colosenses 4:3).

Permíteme recibir y entender tu sabiduría escondida (1 Corintios 2:7).

No escondas de mí tus mandamientos (Salmo 119:19).

Permíteme hablar la sabiduría de Dios en un misterio (1 Corintios 2:7).

Déjame dar a conocer el misterio del evangelio (Efesios 6:19).

Hazme conocer el misterio de tu voluntad (Efesios 1:9).

Declara tus enigmas con el arpa (Salmo 49:4).

Permíteme entender tus parábolas, las palabras de
los sabios y sus enigmas (Proverbios 1:6).

Señor, ilumina mi lámpara, alumbra mis tinieblas (Salmo 18:28).

Convierte en luz la oscuridad delante de mí (Isaías 42:16).

Dame los tesoros escondidos y los secretos muy guardados (Isaías 45:3).

Que tu luz brille sobre mí (Job 29:3).

Mi espíritu es lámpara de Jehová, escudriña lo más
profundo del corazón (Proverbios 20:27).

Permíteme entender las cosas profundas de Dios (1 Corintios 2:10).

Déjame conocer tus pensamientos (Salmo 92:5).

Que tu Palabra ilumine mis ojos (Salmo 19:8).

Mis ojos tienen la bendición de ver (Lucas 10:23).

Que toda catarata espiritual sea quitada de mis ojos (Hechos 9:18).

Permíteme entender con todos los santos la anchura, longitud,
profundidad y altura de tu amor (Efesios 3:18).

Que mi conciencia me instruya en la noche y que
me despierte con revelación (Salmo 16:7).

ORACIONES QUE DESTRUYEN EL PODER DE JEZABEL

Desato los perros del cielo en contra de Jezabel (1 Reyes 21:23).

Reprendo y ato los espíritus de brujería, lujuria, seducción,
intimidación y prostitución ligados a Jezabel.

Libero el espíritu de Jehú en contra de Jezabel y sus secuaces (2 Reyes 9:30–33).

Ordeno a Jezabel ser derribada y comida por los perros del cielo.

Reprendo todo los espíritus de falsa enseñanza, falsa profecía
y perversión relacionados con Jezabel (Apocalipsis 2:20).

Desato tribulación contra el reino de Jezabel (Apocalipsis 2:22).

Interrumpo la misión de Jezabel contra los ministros de Dios (1 Reyes 19:2).

Detengo y destruyo los poderes de toda palabra
pronunciada por Jezabel contra mi vida.

Rechazo la mesa de Jezabel y toda comida de esta (1 Reyes 18:19).

Rompo y me libero de todas las maldiciones y
espíritus de Jezabel que operan en mi linaje.

Rompo la tarea de Jezabel y de sus hijas para corromper a la iglesia.

Reprendo y detengo el espíritu de Atalía que intenta
destruir la simiente real (2 Reyes 11:1).

Vengo en contra del espíritu de Herodías y detengo la
tarea de matar a los profetas (Marcos 6:22–24).

Reprendo y detengo el espíritu de prostitución (Oseas 4:12).

Reprendo y detengo a Jezabel y su brujería en el nombre de Jesús (2 Reyes 9:22).

Reprendo y detengo a la ramera y maestra de hechizos y rompo
su poder sobre mi vida y mi familia (Nahúm 3:4).

Destruyo la hechicería de las manos (Miqueas 5:12).

Venzo a Jezabel y recibo poder sobre las naciones (Apocalipsis 2:26).

ORACIONES PARA DESATAR PROFETAS EN TU FAMILIA

Señor, derrama tu Espíritu sobre mi familia, y
dejar que los hijos e hijas profeticen.

Señor, pon tus palabras en la boca de mi simiente y la simiente de mi simiente.

Deja que los miembros de mi familia hablen tus
palabras con confianza y audacia.

Que el espíritu de profecía se libere sobre los miembros
de mi familia, en el nombre de Jesús.

Que los miembros de mi familia tengan sueños
y visiones por el Espíritu del Señor.

Permite que los dones del Espíritu Santo sean liberados
en abundancia a los miembros de mi familia.

Permite que mi familia se establezca en la iglesia y sea
utilizada por ti para ministrar proféticamente.

La palabra del Señor ha sido dicha a todos los que
están en mi familia (Hechos 16:32).

Que la palabra del Señor venga a mi familia (Salmo 107:20).

La palabra del Señor se extenderá en mi familia (Hechos 13:49).

Mi familia será contada conforme a la palabra del Señor (Números 3:16).

Mi familia va a escuchar la palabra del Señor (2 Reyes 20:16).

La palabra del Señor sobre mi familia es recta, y toda
su obra es hecha con fidelidad (Salmo 33:4).

La palabra del Señor crece poderosamente en mi
familia y prevalecerá (Hechos 19:20).

El Señor se revelará a mi familia por la palabra del Señor (1 Samuel 3:21).

La palabra del Señor se prueba en mi familia. Es un escudo
para todos los que confían en Él (2 Samuel 22:31).

Mi familia irá y actuará conforme a la palabra del Señor (1 Reyes 17:5).

Mi familia buscará hoy palabra del Señor (1 Reyes 22:5).

La palabra del Señor pone a prueba mi familia (Salmo 105:19).

La palabra del Señor viene a mi familia ahora (Jeremías 17:15).

Por la palabra del Señor, que es eterna, el Evangelio
será predicado a mi familia (1 Pedro 1:25).

Mi familia hará todas las palabras que el Señor ha dicho (Éxodo 24:3).

La palabra del Señor viene a mi familia y dice: "No tengas miedo. Yo
soy tu escudo, y tu recompensa será muy grande" (Génesis 15:1).

Que la palabra del Señor sea común entre mi familia. Que
haya una revelación generalizada (1 Samuel 3:1).

La palabra del Señor en las bocas de mis seres
queridos es la verdad (1 Reyes 17:24).

La palabra del Señor está con mi familia (2 Reyes 3:12).

Las palabras del Señor sobre mi familia son palabras limpias, como
plata refinada en horno, purificada siete veces (Salmo 12:6).

Que mi familia reciba la palabra del Señor para que
podamos tener sabiduría (Jeremías 8:9).

La palabra del Señor se extiende con rapidez en mi
familia y es glorificada (2 Tesalonicenses 3:1).

Mi familia prestará atención a la palabra del Señor (Jeremías 6:10).

Las mujeres de mi familia escucharán la palabra del Señor
y recibirán la palabra de su boca (Jeremías 9:20).

La palabra del Señor es con mi familia, e intercedemos
al Señor de los ejércitos (Jeremías 27:18).

Mi familia oirá la palabra del Señor: "No vas a
morir por la espada" (Jeremías 34:4).

Mi familia no sufrirá hambre de oír las palabras del
Señor, en el nombre de Jesús (Amós 8:11).

Mi familia irá a la tierra de nuestra posesión, que hemos
obtenido conforme a la palabra del Señor (Josué 22:9).

NOTAS

CAPÍTULO 1: CÓMO SE HACE UN PROFETA

1. Leonard Ravenhill, "The Picture of a Prophet," Ravenhill.org, www.ravenhill.org (consultado en línea el 27 de marzo de 2015).
2. Jake Kail, "Balaam and Jezabel: Two Types of False Prophets," JakeKail. com, 7 de octubre de 2013, www.jakekail.com.
3. Art Katz, "The Prophetic Function," www.authentictheology.com.
4. Theresa Harvard Juanson, "Scribal Prophets, Apostles, and Scribal Ministry," Prophetic-Writing-School.com.
5. Joseph Mattera, "The Difference Between Apostolic and Prophetic Roles," Charismamag.com, 23 de enero de 2013.
6. Oxforddictionaries.com, s.v. "synergy", www.oxforddictionaries.com.
7. Michael Sullivant, "How to Stay Humble in Prophetic Ministry," CharismaMag.com, www.charismamag.com.
8. Patricia Bootsma, "The Hidden Life of the Prophetic Voice," RevivalMag.com.
9. "Juan Emerich Edward Dalberg Acton, 1st Baron Acton Quotes," Britannica.com, www.britannica.com.
10. R. C. Sproul Jr., "Ask RC: Why Did the Pharisees Hate Jesus So Much?" RCSproulJr.com, (consultado en línea el 27 de marzo de 2015).
11. Art Katz, "The Prophetic Function," AuthenticTheology.com, www. authentictheology.com (consultado en línea el 30 de marzo de 2015).
12. Ron McKenzie, "Role of the Prophet," KingWatch.co.nz.
13. Helen Calder, "Prophetic Intercession, Its Power and Its Pitfalls," EnlivenPublishing.com.
14. B. Dale, "A Company of Prophets," Biblehub.com.
15. Ashish Raichur, Understanding the Prophetic (All Peoples Church, 2010).
16. "School of the Prophets in the Bible," The Well Prophetic Institute, www. thewellchurch.net.
17. Don A. Hoglund, "The History of Americans Towns—Prophetstown, Illinois," DonHoglund.Hubpages.com.

CAPÍTULO 2: CARACTERÍSTICAS DE UN PROFETA

1. Dennis Bratcher, "Prophets Today?" Christian Resource Institute, www. crivoice.org.
2. Sandy Warner, Discernment: Separating the Holy From the Profane (n.p.: SOS Publications, 2014).

CAPÍTULO 3: ¿QUÉ MUEVE EL CORAZÓN DE UN PROFETA?

1. David K. Blomgren, The Song of the Lord (Bible Press, Portland, Oregon: 1978), como lo cita David K. Blomgren en "The Power of Anointed Worship Music," Secret Place Ministries, www .secretplaceministries.org.